Am Anfang und am Ende des Lebens sind wir darauf angewiesen, dass andere Menschen sich um uns kümmern, bedingungslos fürsorglich sind. Aber auch in den Jahren dazwischen: Wer kocht, räumt auf und putzt? Wer erzieht, betreut und pflegt? Wer hört zu und gibt Rückhalt? Wer ist bereit, die eigenen Wünsche zurückzustellen und sich hier und jetzt um andere zu kümmern? All diese Care-Aufgaben sind in unserer Gesellschaft sehr ungleich verteilt. Im professionellen Bereich sowie im privaten.

Die Grundthese ist: Nur wenn Sorgearbeit zwischen den Geschlechtern gerecht aufgeteilt wird, haben alle Menschen gleichermaßen die Möglichkeit zur gesellschaftlichen Teilhabe, politisch und wirtschaftlich, in Kultur und Wissenschaft, beruflich und privat, auf allen Ebenen und Hierarchiestufen. Ausgehend von den Fragen »Was ist Care?« (mehr als pflegen und sauber machen), »Was ist Arbeit?« (mehr als die reine Erwerbsarbeit auf jeden Fall) und »Wie privat ist Fürsorge eigentlich?« (gar nicht) beschreibt das Buch die sozialen Verwerfungen, die der Gender Care Gap in den unterschiedlichen Lebens- und Gesellschaftsbereichen nach sich zieht (ja, auch Männer sind davon betroffen). Wie kommt es, dass sich allen Erfolgen der Gleichstellungsbewegung zum Trotz im Sorgebereich so wenig verändert hat?

Almut Schnerring und *Sascha Verlan* sind ein Journalist·innen-, Autor·innen- und Trainer·innen-Team und leben mit ihren drei Kindern in Bonn. Sie arbeiten zu den Themenbereichen Geschlechtergerechtigkeit und Rollenstereotype, zur Rosa-Hellblau-Falle (rosa-hellblau-falle.de) und zu Zugehörigkeit, Sprache, Kommunikation und Rhetorik (training-bonn.de). Sie veröffentlichen Bücher, Artikel und machen Radiosendungen, teilen ihre Ideen in Vorträgen, Workshops, organisieren Aktionstage (equalcareday.de) und initiieren Preisverleihungen (goldener-zaunpfahl.de).

ALMUT SCHNERRING UND SASCHA VERLAN

EQUAL CARE

ÜBER FÜRSORGE UND GESELLSCHAFT

VERBRECHER VERLAG

Erste Auflage
© Verbrecher Verlag 2020
www.verbrecherei.de

Satz: Christian Walter
Druck: CPI Clausen & Bosse, Leck

ISBN: 978-3-95732-427-6

Printed in Germany

Der Verlag dankt Lealina Grün, Jessica Finger und Luise Römer.

VORWORT

Unsere Tochter kam neulich mit einer Aufgabe aus dem Englischunterricht nach Hause, sie solle in der nächsten Stunde jeweils eine Utopie und eine Dystopie in Literatur oder Film vorstellen. Wir sitzen zu fünft beim Abendessen, Familienbrainstorming ist angesagt. Dystopien? Kein Problem: »1984«, »Matrix«, »Tribute von Panem«, »Stranger Things«, der ganze DC- und Marvel-Kosmos, die Literatur- und die Filmgeschichte sind voll von Weltuntergangsszenarien. Und jetzt Utopien? Es wird still am Tisch. Klar, Thomas Morus und sein »Utopia«, Christine de Pizan und »Das Buch von der Stadt der Frauen«, zugleich ein erstes feministisches Manifest von 1405, vielleicht Platons »Staat«? Aber ein Beispiel aus heutiger Zeit und Perspektive und so populär, dass uns spontan etwas einfiele und das Thema Jugendlichen geläufig wäre? »Avatar«? Geht so. »Zootropolis« vielleicht? Oder »Valerian«? »Tomorrowland«? Wenn so etwas wie eine utopische, bessere Welt in Literatur und Film vorkommt, dann nur als ferne Verheißung (fürs Happy End) oder als Parallelgesellschaft, die nicht weiter beschrieben wird. Doch selbst in diesen Beispielen wird der Weltuntergang in immer neuen Facetten und immer noch spektakuläreren Bildern in Szene gesetzt und heraufbeschworen, um die Guten in vielleicht letzter Sekunde doch noch zu retten. Meist wird die Rettung verkörpert durch einen männlichen Helden, einen starken Mann, der weiß ist und weiß, was er tut, der seinen Plan ohne Rücksicht auf Verluste durchsetzt und uns allen als Hauptidentifikationsfigur angeboten wird.

Selbstverständlich gibt es Filme und Bücher, in denen es um zwischenmenschliche Beziehungen und das gesellschaftliche Miteinander geht. Die spielen allerdings auf einer sehr persönlichen Ebene und handeln meist von Liebe, neue Gesellschaftsentwürfe bieten sie eher nicht. Wo also sind die populären Filme und Bücher, die uns eine bessere Welt zeigen, die einmal im Detail durchspielen, wie eine solche Welt aussehen und funktionieren könnte? Die uns herausfordern, über unsere Welt und Zukunft nachzudenken, eine eigene Vision zu entwickeln von einer besseren Gesellschaft? Stattdessen gewöhnen wir uns an Katastrophenbilder und Weltuntergangsszenarien und sind schließlich wenig erstaunt, wenn vergleichbare Bilder auch in den Nachrichten auftauchen. Und weil die Wirklichkeit im medialen Vergleich so blass und unscheinbar wirkt, nehmen wir die realen Krisen möglicherweise sogar weniger ernst.

Wer inspiriert da eigentlich wen? Der Einsatz dokumentarischer Bilder und Perspektiven im Spielfilm und narrativer Strategien in der Berichterstattung trägt dazu bei, dass die Grenzen zwischen Fiktion und Realität immer weiter verschwimmen, dass es zunehmend schwerfällt, Wirklichkeit und Fake News zu unterscheiden. Und tatsächlich gibt es in der realen Welt oftmals den Wunsch nach klaren Verhältnissen, nach einem starken Mann, der alles richten soll – ungeachtet des Faktes, dass diese »starken Männer« in unserer Wirklichkeit gerade alles nur noch schlimmer machen, siehe etwa Putin, Trump oder Bolsonaro.

Es mag sein, dass die fortlaufende Rettung untergehender Welten unterhaltsamer ist als die konstruktive Auseinandersetzung mit einer besseren Gesellschaft – aber wer weiß das schon, utopische Gesellschaftskonstruktionen wurden in Literatur und Film nie wirklich ausprobiert und in der Realität schon gleich gar nicht. Die allabendliche Dystopisierung der Welt jedenfalls verändert unsere Vorstellungen von der Zukunft und drängt wichtige Fragen in den Hintergrund: In welcher Welt wollen wir leben? In welche Welt hinein wollen wir einmal alt werden, sollen unsere Kinder hineinwachsen? Und mit zunehmendem Alter kommt die Frage hinzu: Von wem wollen wir später einmal abhängig sein? Wer soll uns aus welchen Gründen unterstützen und versorgen? Und haben wir dann noch die Möglichkeit und auch das Recht, Forderungen zu stellen? Wir können jetzt die Welt mitgestalten, in die hinein wir alt werden, dafür sorgen, dass in 30, 40, 50 Jahren ein gesellschaftliches Klima und ein sozialer Umgang vorherrschen, die uns einen schwierigen, vielleicht schmerzhaften Verlust der eigenen Selbstständigkeit erleichterten, einfach, da wir wissen, dass da eine Gesellschaft kommt, die unseren bisherigen Beitrag zu ihrem Erhalt wertschätzen wird.

Wie sollte diese Welt aussehen? Wie sollen die Menschen in dieser Welt zusammenleben und miteinander umgehen? Und was könnten wir vielleicht heute schon tun und in die Wege leiten, dass diese vielleicht sogar unrealistisch erscheinende Utopie dennoch Wirklichkeit werden kann? Wir wollen mit diesem Buch den Blick nach vorne richten. Es geht nicht darum, den Status quo zu erklären und zu rechtfertigen. Die Analyse von Vergangenheit und Gegenwart ist wichtig, aber nur dann, wenn sie ein Mittel zum Zweck ist, nämlich Vorstellungen und Visionen zu entwickeln, die Welt von morgen mitzugestalten. Unsere Utopie ist eine Welt, in der Cura, die Fürsorge, wertgeschätzt und honoriert wird, dem lateinischen Wortursprung entsprechend: geehrt und belohnt.

Und weil das so ist, übernehmen in unserer Utopie alle Geschlechter gleichberechtigt und in gleichen Maßen die Care-Aufgaben, ohne die es weder Leben noch Gesellschaft geben könnte – und somit auch keine Wirtschaft. Und weil das so ist, wissen wir alle, was Care-Arbeit bedeutet und im Detail umfasst. Und weil das so ist, können die meisten Menschen auch für sich sorgen und ein im Wortsinn selbstständiges Leben führen. Und weil das so ist, haben wir verinnerlicht, dass Menschen zwar selbstständig, aber nie unabhängig sein können, dass wir ohne unsere Mitmenschen nicht wirklich sind, ohne jene Menschen, die hin und wieder für uns kochen, Wäsche waschen oder die Toilette putzen, die Kinder versorgen und Eltern pflegen, die mit uns reden und unsere Sorgen und Freude teilen. Und weil das so ist, können wir ganz anders über Care-Arbeit reden, weil es plötzlich nicht mehr um Macht und Ohnmacht geht, sondern wir einander auf Augenhöhe begegnen, mal mehr Fürsorge brauchen, mal mehr Sorgearbeit geben können.

Doch da das leider noch nicht so ist, wollen wir mit diesem Buch einladen, diese Gesellschaft und ihr Wirtschaftssystem einmal aus dem Blickwinkel der Fürsorge zu betrachten.

Am Anfang war es nur eine beiläufige Idee: Wenn es einen Equal Pay Day gibt, der auf die unterschiedliche Bezahlung zwischen Frauen und Männern aufmerksam macht, müsste es noch dringender einen Equal Care Day geben, dringender, weil der

Unterschied und die daraus resultierenden sozialen Verwerfungen ungleich größer sind. Also haben wir 2016 den »Equal Care Day – Aktionstag für mehr Wertschätzung und eine faire Verteilung der Sorgearbeit« initiiert, anfangs nur mit einigen wenigen Menschen, die uns mit Statements und Gedanken zum Thema unterstützt haben, die wir dann im Internet veröffentlicht haben. Das mediale und politische Interesse und der Zuspruch waren so überwältigend, dass der Equal Care Day ganz schnell von vielen Menschen aufgegriffen wurde, in Artikeln und Interviews, in Text und Bild, und am 1. März 2018 in die aktuelle Debatte des Deutschen Bundestages einfloss – aus der Idee wurde allmählich eine Bewegung.

Wir haben den Equal Care Day auf den 29. Februar gelegt, auf den Tag, der in drei von vier Jahren übergangen wird. Die »unsichtbaren« Tage dienen als Symbol für die unsichtbare, weil gerne übersehene Sorgearbeit. Den Schalttag wählten wir auch deshalb, weil Frauen 80 % der Care-Aufgaben übernehmen, Männer also viermal so lange brauchen, um dieselbe Menge an Sorgearbeit beizutragen.

Im Jahr 2020 tritt der Equal Care Day heraus aus der virtuellen und medialen Welt: In Berlin, Bonn und Bremen, Dortmund, Heidelberg und Freiburg, in Leipzig, Luxemburg und München, Nürnberg, Schweinfurt, Wien und in weiteren Städten treffen sich Menschen in ganz unterschiedlichen Konstellationen und Veranstaltungsformaten, um auf die ungleiche Verteilung und mangelnde Wertschätzung von Care-Arbeit aufmerksam zu machen und gemeinsam Lösungsansätze zu entwickeln, die über das Kleinklein der Tagespolitik hinausgehen.

Wir danken allen, die uns und unsere Idee auf diesem Weg begleitet und unterstützt haben mit ihrem Wissen, ihrer Expertise, mit Widerspruch und Anregungen, die gemeinsam mit uns nicht aufgeben, das Thema in seiner Komplexität und gesellschaftlichen Brisanz im öffentlichen Diskurs zu verankern, die schon so viel länger als wir in diesem Bereich arbeiten, geforscht und Ideen entwickelt haben, dass wir uns wie Zwerge fühlen auf den Schultern von Riesinnen, weil es sich eben auch hier in über 80 % der Fälle – okay 95 % – um Frauen handelt.

Dieses Buch und die Initiative Equal Care Day wären nicht denkbar ohne den großartigen Rückhalt, den wir von so vielen Seiten erfahren: Wir danken Elke Büdenbender für ihre Unterstützung, fürs Mutmachen, für die Kooperation und Zusammenarbeit Katja Schülke, Gertrud Hennen und der Stadt Bonn, Sebastian Scharte, Martin Schilling, Janina Kremer und der Willi Eichler-Akademie, Anna Hoff, Juliana Stockheim und der Bundeszentrale für politische Bildung, Bettina Metz und den UN Women Deutschland, Johannes Mirus von Bonn.digital, der Aktion Mensch, Gunhild Busch vom Social Impact Lab Bonn, außerdem Martina Steimer und Harald Kirsch und dem Pantheon Theater Bonn.

Wir danken Václav Demling und der Initiative Klischeefrei, außerdem Uta Meier-Gräwe, Angela Häußler, Helma Lutz und Ina Praetorius, Martin Rücker, Edith Kühnle und Karin Jurczyk, Gisela Bock, Gabriele Winker, Antje Schrupp, Birgit Strahlendorff und Milanie Hengst, Alexandra Geese und Katja Döring, Vincent-Immanuel Herr und Martin Speer, Şefik_a Gümüş, Ulrike Pfaff, Franziska Günther, Patricia Cammarata und Johanna Lücke, Christine Finke, Lisa von Reiche und den Student·innen aus dem ECD-Seminar an der Uni Bonn, sowie allen Teilnehmenden an unseren Netzwerktreffen und den Aktiven von klische*esc e.V., Sonja Bastin, Hannah Schaub und Valerie Wohlfarter. Wir danken Sookee und Charlotte Brandi für den Song »Who cares?«, Lena Hällmayer, Till Lassmann und Nele Palmtag für Illustrationen und Lars Ruppel für die poetische Begleitung. Wir danken Kristine Listau und Jörg Sundermeier dafür, dass ihr euch kurzentschlossen und dann so engagiert und geduldig auf dieses Projekt eingelassen habt.

Vor allem danken wir unseren drei Kindern, die mitgemacht, die Verhältnisse öfter mal umgekehrt und für uns gesorgt haben, gekocht und eingekauft, aufgeräumt und geputzt, die sich gegenseitig mit Hausaufgaben und Vokabeln unterstützt haben, wenn wir wieder nicht vom Schreibtisch loskamen und uns in der Theorie der Sorgearbeit verloren hatten, anstatt praktisch zu arbeiten – und Martina Hahn – ohne dich hätte alles anders werden müssen, und wäre nicht annähernd so bunt geworden. Danke für Inspiration und Ideenüberfluss, für Technik, Ästhetik und Klarheit, für deinen fürsorglichen und vorausschauenden Rückhalt!

EQUAL CARE?

Eine erste Bestandsaufnahme

Ein erster Blick in die offiziellen Zahlen der Agentur für Arbeit oder des Statistischen Bundesamtes zeigt: Weit über 80 % der beruflichen Care-Arbeit in Deutschland wird von Frauen geleistet. Ihr Anteil liegt in Kindertagesstätten bei 96 % und in Grundschulen bei 90 %, private Pflegedienste 87 %, Krankenhaus und Pflegeheime 85 %, Reinigungswesen 75 % – im Gesamtdurchschnitt sind es 84 %, und in diesen Zahlen sind selbstredend auch die überproportional oft männlich besetzten Führungspositionen mit bedacht, also Männer, die mit der eigentlichen Sorgearbeit kaum mehr betraut sind. 34 % aller berufstätigen Frauen sind im Fürsorge-Bereich tätig, aber nur 8 % der Männer, selbst hier gibt es also ein Verhältnis von gut vier zu eins. Über 50 % der Frauen im Alter zwischen 30 und 65 Jahren arbeiten in Teilzeit, doch nur gut 7 % der berufstätigen Männer. Und was weiterhin zu beachten wäre, ist die Schattenwirtschaft, in der nicht angemeldete Putz-, Pflege- und Betreuungshilfen tätig sind, Frauen zumeist mit familiären Migrationserfahrungen, manche von ihnen oft nur befristet im Land, manche, die in keiner Statistik auftauchen und die in ihren Rechten eingeschränkt sind. Das ist der Gender Care Gap in der Berufswelt, eine extreme Ungleichverteilung der Sorgearbeit zwischen den Geschlechtern also.

Ergänzend dazu wurde im Zweiten Gleichstellungsbericht der Bundesregierung 2017 auf Grundlage der Zeitverwendungserhebung des Statistischen Bundesamtes der Gender Care Gap in privaten Haushalten berechnet: Im Gesamtdurchschnitt leisten Frauen 52,4 % mehr Familien- und Sorgearbeit als Männer. Gesamtdurchschnitt heißt, dass hier Singlehaushalte und kinderlose Paare mit einberechnet sind, Lebenskonstellationen, in denen verhältnismäßig weniger Care-Arbeit anfällt. Der Zweite Gleichstellungsbericht unterteilt deshalb weiter in direkte, menschenbezogene und unterstützende Tätigkeiten wie Putzen, Rasenmähen, Fahrräderreparieren et cetera. Und es zeigt sich auch hier: Je mehr Fürsorgearbeit zu leisten ist, je körpernäher diese Aufgaben sind, desto gravierender das Missverhältnis, desto größer die Belastung und Verantwortung von Frauen. Im Extremfall, in Familien mit kleinen Kindern, steigt die Diskrepanz im privaten Gender Care Gap auf über 110 % oder alltäglich über zweieinhalb Stunden, die Frauen mehr Sorgearbeit leisten (müssen). Nicht bedacht sind hierbei Familien mit einem oder mehreren Kindern mit Behinderung, auf die öffentliche Einrichtungen und Betreuungsmöglichkeiten oft nur unzureichend vorbereitet sind, die durch jedes Raster fallen und deshalb viel zu sehr auf sich alleine gestellt sind. Und auch Alleinerziehende kommen in der aktuellen Darstellung nur am Rande vor: Ungefähr 2,6 Millionen Alleinerziehende leben in Deutschland, knapp 2,2 Millionen Mütter und gut 400.000 Väter, die mit der Sorgearbeit oft so alleine sind, dass von einem Gap gar nicht mehr zu reden ist.

Der Übergang zwischen privater und beruflicher Care-Arbeit ist fließend, da nämlich, wo Familien private Sorgearbeit auslagern und anderen (Frauen) die Kinderbetreuung, das Putzen oder die Pflege von Angehörigen überlassen. Haushalte, die in der finanziellen Situation sind, besonders viel Care-Arbeit einkaufen zu können, verringern damit ihren privaten Care-Gap, wobei auch in diesen Konstellationen Frauen weiterhin die Hauptlast und -verantwortung tragen. Isoliert betrachtet lassen sich im privaten Bereich also möglicherweise Fortschritte und Erfolge feiern, obwohl sich an der tatsächlichen Aufteilung von Care-Arbeit zwischen den Geschlechtern gar nichts verändert hat. Der grundsätzliche Gap, der Spalt zwischen den Geschlechtern, bleibt also, er wird nur vom privaten in den beruflichen Bereich oder in die Schattenwirtschaft verlagert.

Die statistische Grundlage für die Berechnungen zum privaten Gender Care Gap bildet die sogenannte Zeitverwendungserhebung des Statistischen Bundesamtes. Im Vergleich zu älteren Studien wird deutlich, dass die zeitliche Belastung von Frauen durch private Care-Aufgaben zwar abgenommen hat, aber nicht etwa, weil Männer hier mehr Verantwortung übernehmen würden, sondern durch haushaltstechnischen Fortschritt beziehungsweise die zunehmende Auslagerung von Sorgepflichten, und das längst grenzüberschreitend in sogenannten Care Chains – diesen Begriff prägte die Soziologin Arlie Hochschild, um damit zu beschreiben, dass Frauen (und selten Männer), die im Ausland die Fürsorgearbeit übernehmen, in ihren Herkunftsländern eine Lücke bei der Versorgung ihrer eigenen Familie hinterlassen.

Insofern verschiebt sich die Fürsorge-Lücke nur. Privater und beruflicher Gender Care Gap bedingen sich also gegenseitig, und die Vermutung liegt nahe, dass sie auch nur gemeinsam gelöst werden können: durch Equal Care, gleiche Fürsorge. Equal bedeutet in diesem Zusammenhang: Frauen und Männer übernehmen die Care-Arbeit gemeinsam, die beruflichen und privaten Dimensionen im Blick, bezahlt und unbezahlt, sozialversicherungspflichtig oder nicht, die konkreten Tätigkeiten nicht getrennt von der Gesamtverantwortung betrachtend, ressort- und fachbereichsübergreifend, ganzheitlich.

In den öffentlichen Debatten um den Gender Care Gap seit der Veröffentlichung des Zweiten Gleichstellungsberichts 2017 – verstärkt in Online-Foren und den sozialen Netzwerken – sind viele Erklärungsversuche zu finden, warum diese aktuelle Welt der Fürsorge genau so ist, wie sie ist – und nach Meinung Vieler gefälligst auch so zu bleiben habe: Dort sind obskure steinzeitliche Herleitungen zu lesen, die besondere und natürliche Beziehung zwischen Mutter und Kind wird betont, unterschiedliche Ansprüche an Haushaltstätigkeiten und Erziehung werden geltend gemacht, Erinnerungen an die eigenen Mütter, die das alles doch so gerne gemacht hätten, werden hervorgekramt, es ist die Rede von Körperkraft, Präferenzen bei der Wahl der Partner·innen, Berufswünschen und Teilzeitregelungen ... Dies sind allesamt Versuche, das gesellschaftliche Missverhältnis zu individualisieren und zu erklären, ohne auf die systematische Ungerechtigkeit einzugehen und die persönlichen Vorteile, die *der* Einzelne aus der gegenwärtigen Situation zieht. Dabei lassen sich die unmittelbaren Folgen des Gender Care Gap am einfachsten und eindrücklichsten am Gender Pension Gap ablesen, an der unterschiedlichen Höhe der Durchschnittsrenten von Männern und Frauen. Mit einer Differenz von aktuell

46 % liegt Deutschland damit im europäischen Vergleich an letzter Stelle.

Nehmen wir die Pension, die Rente als wirtschaftliche Gesamtbilanz eines tätigen Lebens, dann drängt sich der Eindruck auf, dass das, was Frauen für diese Gesellschaft leisten, deutlich weniger wert sei als der Beitrag von Männern. Wir messen ihren Leistungen gesellschaftlich so wenig Wert bei, dass es in Ordnung scheint, dass viele Frauen in Altersarmut leben müssen.

Von Unternehmen und Politik wird gerne angemerkt, dass Care-Arbeit Privatsache sei und man·frau sich nicht in die persönlichen Belange und Entscheidungen der Menschen einzumischen habe, als ob Politik und Wirtschaft nicht andauernd in die Privatsphäre eingriffen. Ob Schulpflicht, Werbung (im öffentlichen Raum), Vorratsdatenspeicherung, Big Data oder die Forderung nach örtlicher und zeitlicher Flexibilität bis hin zur ständigen Verfügbarkeit im Beruf – die Beispiele staatlicher und unternehmerischer Eingriffe in die Privatsphäre sind so vielfältig wie umfassend, warum also diese Zurückhaltung ausgerechnet im Care-Bereich? Auch hier wird darüber hinweggesehen, wie sehr Wirtschaft und Politik von der aktuellen privaten Organisation der Care-Arbeit, vom fürsorglichen und selbstlosen Einsatz dieser vielen Frauen und wenigen Männer profitieren. Das ganze System funktioniert nur, weil es Care-Arbeit als privat ausklammert und nicht als wesentlichen Faktor für das Gelingen von Gesellschaft und Wirtschaft honoriert.

Wie wenig privat und wie sehr gesellschaftlich bedingt diese ungerechte Verteilung der Sorgearbeit ist, zeigt sich daran, dass der Gender Care Gap schon so früh zu beobachten ist und sich dann durchs ganze Leben zieht: Töchter werden von Anfang an mehr und vor allem selbstverständlicher in die alltägliche Familienarbeit einbezogen, insbesondere wenn es um die Betreuung jüngerer Geschwister geht. Das erleben Mädchen nicht nur in den eigenen Familien, sondern auch in Büchern und Filmen, in der Werbung wird es ihnen immer wieder vorgespielt. Und aus der Wiederholung der Bilder entstehen Gewohnheit und Normalität. Söhne bekommen dagegen im Durchschnitt mehr Taschengeld und oft auch noch die teureren Geschenke zu Weihnachten und Geburtstagen.

Emotionale Arbeit, das Sich-Kümmern und -Sorgen gilt als >natürliche< Eigenschaft von Frauen, also nicht als besondere Qualifikation oder Kompetenz, die entsprechend entlohnt werden müsste. Diese leider nur selten hinterfragte Vorannahme ist eine der Hauptursachen des Gender Pay Gap.

Und wenn als weiblich gelesene Menschen von klein auf lernen, dass sie für Haushalt, Pflege und Betreuung verantwortlich und zuständig sind, wie frei können Frauen dann später in ihrer Berufswahl sein oder wie frei entscheiden, wenn es um die oft unausgesprochene Aufgabenverteilung geht innerhalb von Teams, WGs, in Paarbeziehungen und bei eigenen Kindern?

Fürsorgliche Fähigkeiten und Verantwortungsbewusstsein sind nicht einfach da, sie werden erlernt – oder eben nicht. Das ist fatal, wenn frau·man bedenkt, dass Care-Arbeit eigentlich keine freie Entscheidungsmöglichkeit für und wider bietet. Besonders die körpernahe Sorgearbeit muss gemacht werden, von wem auch immer. Bleibt sie aus, hat das meist schwerwiegende, existenzielle Folgen für die jeweils sorgebedürftigen Menschen. Care-Arbeit ist die Grundlage und Voraussetzung von Leben und Gemeinschaft und damit eine gesamtgesellschaftliche Aufgabe und Herausforderung. Ohne Care würden wir nur alt aussehen, aber niemals alt werden. Dass Männer hierbei nur einen derart geringen Beitrag leisten, dass sich darüber hinaus ein System hat etablieren können, das Männer für ihre letztlich rücksichtslose Lebensweise belohnt und all jene auf Dauer finanziell und sozial abstraft, die Care-Aufgaben übernehmen, diese Ungerechtigkeit ist prägend für unsere Gesellschaft. Ihre Auswirkungen laufen allen Fortschrittsbemühungen in der Gleichstellungspolitik, allen Bestrebungen nach mehr Gerechtigkeit zuwider.

Care-Arbeit ist unverzichtbar und oft unaufschiebbar, weil sie auf die unmittelbaren Bedürfnisse des Menschen ausgerichtet ist. Und bei den Grundbedürfnissen des Menschen geht es ums tatsächliche Überleben, deshalb gehören Ernährung, Bekleidung und Unterkunft dazu, aber ebenso Dienstleistungen rund um Gesundheit und Bildung, Transport, sanitäre Einrichtungen, Trinkwasser – alles, was es zum Leben braucht. Care-Arbeit ist im Grunde das Zentrum allen Wirtschaftens.

Ökonomie als Synonym für Wirtschaft leitet sich vom griechischen oikonomia ab, was für die »Lehre vom Haushalten« steht oder »Haushaltsführung« bedeutet. Ein Widerspruch? Wer beim Stichwort Haushalt an den leeren Kühlschrank zuhause denkt, ist damit wieder genau da, wo Wirtschaft ihren Anfang nimmt und wo auch ihr Selbstverständnis ansetzt: bei dem, was ein Mensch braucht. Ironischerweise kommen nach dem aktuellem Verständnis von Wirtschaft ausgerechnet die Tätigkeiten im Privaten, von denen die Leben aller Kinder (um nur ein Beispiel zu nennen) abhängen, nicht vor, obwohl genau sie der Ökonomielehre ihren Namen gaben (Oikos – die Haus- und

Wirtschaftsgemeinschaft im antiken Griechenland, die den Lebensmittelpunkt bildete).

Dass damit ein (über-)lebensnotwendiger Bereich menschlichen Tuns aus dem heutigen Wirtschaftsdenken ausgeklammert wird, ist einer der Kritikpunkte des Netzwerks ›Care Revolution‹, ein Zusammenschluss aus über 80 Initiativen und noch mehr Einzelpersonen; zu den Gründer·innen gehören Gabriele Winker und auch Ina Praetorius, die schrieb: » Warum werden diejenigen Mittel und Maßnahmen zur Bedürfnisbefriedigung, die, aller Emanzipation zum Trotz, von viel mehr Frauen als Männern gratis in sogenannten Privatsphären geleistet werden, gewohnheitsmäßig als vor- oder außerökonomisch definiert?«

Widersinnig ist dies auch vor dem Hintergrund, dass die Wirtschaftslehre es sich ihrem Selbstverständnis zufolge zur Aufgabe gemacht hat, zu untersuchen, wodurch die menschlichen Bedürfnisse am sinnvollsten befriedigt werden können, wie Günter Ashauer in »Grundwissen Wirtschaft« erklärt, einem Schulbuch für die gymnasiale Oberstufe: »Es ist Aufgabe der Wirtschaftslehre zu untersuchen, wie die Mittel zur Befriedigung menschlicher Bedürfnisse am sinnvollsten hergestellt, verteilt und ge- oder verbraucht werden.«

Wenn man·frau in den 1950ern vielleicht grade noch davon sprechen konnte, dass die Werbung versucht, auf die Bedürfnisse ihrer Kundschaft einzugehen, so liegt heute nach all dem Aufwand der Werbepsychologie der Fokus darauf, neue Bedürfnisse zu schaffen, neue Wünsche zu wecken, die es vorher noch nicht gab, um dann im so entstandenen vermeintlichen Defizit den besten Laufschuh ever oder das allerneuste Smartphone anzubieten. Die Werbung ist darin so erfolgreich, dass Menschen ihr voll funktionierendes Smartphone in der Schublade verschwinden lassen und drei bis vierstellige Summen auszugeben bereit sind, um die neueste Version zu kaufen. Ganz zufällig ist kurz darauf ein passender Kopfhöreradapter im Angebot, für alle, die nicht auf Bluetooth umsteigen wollen. Wieder ein Bedürfnis befriedigt. Danke für Nichts.

Dieses Verständnis von Wirtschaft trägt dazu bei, dass es in der Fußgängerzone einer Stadt auf 100 Metern fünf Brillengeschäfte und sieben Schuhläden gibt. Gleichzeitig müssen Menschen, die ärztliche Behandlung brauchen, oft monatelang auf einen Termin warten. Selbst in den Notaufnahmen der Krankenhäuser fehlt es an Personal, sodass Menschen abgewiesen, Kreißsäle geschlossen und Schwangere in den Wehen weitergeschickt werden müssen. Sogar Suizidgefährdete müssen wochenlang auf einen Termin zur psychologischen Unterstützung warten, weil die Anzahl der Praxislizenzen für Psychotherapeut·innen begrenzt ist und neue Kassensitze nur geschaffen werden, wenn jemand in den Ruhestand geht. Anders als bei Handyläden und Drogeriemärkten gibt es im medizinischen Bereich Verhältniszahlen, die festlegen, wie viele Praxen in einer bestimmten Region ihre Leistungen über die Krankenkasse abrechnen dürfen. Bei den Psychotherapeut·innen stammt diese Zahl aus dem Jahr 1999 und beruht auf der damaligen Anzahl und Verteilung der Therapeut·innen je Einwohner·in. Der Bedarf wird noch immer über diese veraltete Zahl ermittelt, nicht etwa anhand der Anzahl an bedürftigen Menschen. Und obwohl es genug junge Therapeut·innen gibt, werden keine zusätzlichen Praxen geschaffen, sodass Betroffene durchschnittlich drei Monate auf ein Erstgespräch warten müssen.

Fürsorge ist die Schnittstelle zwischen Individuum und Gesellschaft, zwischen Mensch und Umwelt – und in extremen Situationen zwischen Leben und Tod. Care ist der zentrale Lebensbereich, in dem die Herausforderungen und Konflikte der näheren Zukunft ausgehandelt werden: Wie gehen wir eigentlich miteinander um? Das fängt an im Kleinen, in Paarbeziehungen, in der Familie, gilt jedoch auch für das Verhältnis größerer gesellschaftlicher Gruppen und zwischen Staaten. Die Erziehung und Bildung von Kindern, die Pflege und Betreuung von Angehörigen und fremden Menschen, Migration, Zugehörigkeit und das gesellschaftliche Zusammenleben in einer globalisierten Welt, die Digitalisierung, ihre neuen Kommunikations- und Vernetzungsformen, die Aufmerksamkeitsökonomie, die Verteilung von Arbeit und Wohlstand, der Bevölkerungsrückgang beziehungsweise das Bevölkerungswachstum, alternde westliche Gesellschaften, der Klimawandel und der Umweltschutz, vor der eigenen Haustüre und in jenen fernen Ländern, in denen wir einen Großteil unserer Konsumgüter und inzwischen auch Lebensmittel produzieren lassen – Fürsorge ist sicher nicht die einzige Antwort auf die drängenden Herausforderungen der näheren Zukunft, allerdings ein vielversprechender und lohnender Ansatzpunkt. Die Voraussetzung für einen ehrlichen Dialog und Diskurs ist zunächst, dass wir uns darüber Klarheit verschaffen, was Care-Arbeit eigentlich ist und im Detail umfasst.

ZUR BEGRIFFSKLÄRUNG

Care ist die Grundlage des Lebens und die Voraussetzung für eine funktionierende Gesellschaft, so basal, dass wir meinen, gar nicht darüber reden zu müssen. Allerdings ist unser Schweigen kein Zeichen von Anerkennung, sondern von Ignoranz. So vieles andere scheint wichtiger »als das bisschen Haushalt« oder die Versorgung des pflegebedürftigen Großvaters.

Für einen konstruktiven und zukunftsgewandten Diskurs ist Klarheit in den Begrifflichkeiten notwendig, und diese Übereinkunft ist in den aktuellen Debatten nur selten gegeben. Nun haben wir nicht die allgemeine Definitionsmacht, wir können die Begriffe nur im Rahmen dieses Buches und für die Initiative Equal Care Day als Grundlage vorgeben. Und wir müssen sie immer und immer wiederholen, weil es hier auch um eine öffentliche Definitionsmacht geht und jede Einschränkung des Care-Begriffes politisch motiviert ist, um dann die einzelnen Teilbereiche gegeneinander ausspielen zu können.

Was ist Care?

Fürsorge, Sorgearbeit, Pflege, Fürsorglichkeit, (zu) Pflegende, Sorgende, Kümmernde, Fürsorgliche, zu Versorgende, Care-Arbeiter·innen (wörtliche Übersetzung des englischen ›care worker‹) – all diese Begriffe haben ihre Geschichte und etablierte Bedeutung, jedoch decken sie immer nur einen Teilbereich des Gesamtthemas ab.

Was Care-Arbeit eigentlich bedeutet und die Anliegen des Equal Care Day zu erklären, ist eine Herausforderung, die schon damit beginnt, dass es für den englischen Begriff Care keine deutsche Entsprechung gibt. Das Wort Pflege wird fast ausschließlich mit der beruflichen Alten- und Krankenpflege assoziiert, Fürsorge klingt nach Wohlfahrtsverband und staatlicher Intervention, Kümmern nach vorgestrigen Rollenklischees und Reproduktionsarbeit nach marxistischem Szenejargon, Haus- und Familienarbeit wiederum klingt nach Staubwedel, Makramee und Pömpel und Sorgearbeit nach einer ungeschickten Wortneuschöpfung.

Der Begriff Care weckt also vielerlei unterschiedliche Assoziationen und die am häufigsten genannten sind Haushalt und Pflege. Erst im zweiten Gedankengang kommen Familienarbeit, Kindererziehung und Betreuung dazu, ferner dann Bildung, Geburtshilfe, die Inklusions- und Integrationsarbeit, Jugend- und Sozialarbeit sowie Unterstützung und Hilfe zur Selbsthilfe für Menschen mit Behinderung oder chronischen Erkrankungen,

Medizin und jede Form von Therapie und Prophylaxe, die klassische Pflege in Krankenhäusern, Heimen und Hospizen, wird sie nun ambulant und privat, bezahlt oder unbezahlt durchgeführt. So umfassend dieses Spektrum erscheinen mag, Care als Lebensgrundlage und gesellschaftliche Haltung gedacht, geht weit darüber hinaus.

Care meint neben der Fürsorge für andere Menschen auch die Selbstsorge um das eigene körperliche und psychische Wohlergehen. Selbstsorge und Fürsorge sind eng miteinander verbunden. Im Guten, denn Fürsorge scheint die Voraussetzung zu sein für Selbstsorge. Wer empathisches, fürsorgliches Verhalten erlernt hat, ist auch eher in der Lage, für sich selbst zu sorgen. Doch auch im Schlechten, weil viele Menschen, die in der Pflege tätig sind, darüber sich selbst, ihre Bedürfnisse und das eigene Wohlbefinden vernachlässigen, manchmal auch vernachlässigen müssen. Die Fähigkeit zur Selbstsorge fehlt im Besonderen vielen Männern: Sie achten nicht auf die Signale des eigenen Körpers, suchen (zu) spät medizinische oder psychologische Hilfe und denken seltener an die (gesundheits-)schädlichen Folgen des eigenen Verhaltens und Handelns, für andere und insbesondere für sich selbst. In der statistischen Summe ergibt das einen Unterschied in der durchschnittlichen Lebenserwartung von fünf Jahren zugunsten der Frauen (Gender Health Gap).

Care bezeichnet nicht nur die einzelnen Aufgaben, die zu erledigen sind, sondern das Wissen, die Verantwortung und die Koordinierungsleistungen, die dafür nötig sind. Am deutlichsten wird das grundlegende Missverhältnis, wenn von männlicher Mithilfe die Rede ist im Haushalt, bei den Kindern, der pflegebedürftigen Schwiegermutter. Als ginge es hier um Unterstützung und Hilfe der »eigentlichen Fürsorgenden«! Männer sind gefordert, selbst Verantwortung zu übernehmen. Und dazu gehört auch, für die eigenen Versäumnisse und Fehler einzustehen, sich rechtfertigen zu müssen, wann und wie eine Aufgabe ausgeführt wurde oder warum immer noch nicht. Demgegenüber steht die Zufriedenheit, eine Care-Aufgabe selbstständig und allein geschafft zu haben, vielleicht sogar ein Lob, vor allem aber die unausgesprochene positive Resonanz, und auf jeden Fall eine engere Beziehung zu den Menschen, für die frau·man sorgt.

Mental Load – die Last der Verantwortung

Die Kommunikation und Auseinandersetzung über Care-Arbeit scheitert oft schon daran, dass zu vielen, vor allem Männern, nicht bewusst ist, was Sorgearbeit bedeutet und im Detail umfasst, weil sie diese als Kind nicht gelernt haben und im Gegensatz zu ihren weiblich gelesenen Geschwistern auch nicht lernen mussten. Für die einen ist Care-Arbeit so selbstverständlich, für die anderen so fern, dass sich beide Seiten der Trageweite und Dimensionen von Sorgearbeit kaum bewusst werden und vieles unausgesprochen bleibt. So wird die Last der Verantwortung, die sogenannte Mental Load, weitgehend ausgeklammert aus den Debatten und Untersuchungen. Sie ist nur schwer messbar und taucht daher nicht auf in der Zeitverwendungserhebung des Statistischen Bundesamtes oder vergleichbaren Studien. Dabei ist es mehr noch als die messbare zeitliche Einschränkung diese unausgesprochene Mental Load, die es sorgenden Menschen so schwer bis unmöglich macht, sich in anderen gesellschaftlichen Bereichen zu engagieren, mitzuwirken und teilzuhaben, sei es in Politik, Kultur und Wissenschaft, auf beruflichen und wirtschaftlichen Ebenen.

Mental Load ist die Gesamtsumme aller Aufgaben, die eine Person übernimmt, um das »Erinnern an all die unsichtbaren Dinge, die erledigt werden müssen« zu verwalten. Arlie Russell Hochschild bezeichnet es in ihrem Buch »The Managed Heart – Kommerzialisierung von menschlichen Gefühlen« als »Emotionsarbeit«. Es geht dabei um das Managen von Beziehungen und Emotionen innerhalb einer Gruppe, eines Teams oder einer Familie und um die Koordination, Verwaltung und Aufrechterhaltung von Abläufen und Aufgaben – eine verkannte und übersehene Verantwortung, die in Arbeitsteams, mehr aber noch in der Familie überwiegend Frauen auferlegt wird. Besonders belastend ist diese Arbeit in abhängigen Verhältnissen, wenn es darum geht, die eigenen Emotionen zu kontrollieren, um dem Gegenüber einen erwünschten Gefühlsausdruck zu präsentieren. Da diese Verantwortung nicht als Arbeit gilt, sie von vielen nie getragen wurde, wird sie oft nicht wahrgenommen und somit auch nicht wertgeschätzt.

Natürlich steckt in dieser Darstellung auch ein Vorwurf an all jene, die sich bislang wenig in die Care-Arbeit einbringen und Verantwortung übernehmen. Es geht hier jedoch nicht um Schuld! Die Verhältnisse sind so, wie sie sind, und wir alle sind in dieses System hineingewachsen. Vielleicht hätte man·frau schon früher gegensteuern können und sicher wäre es hilfreich gewesen, anders erzogen worden zu sein. Doch der Vorwurf ist in die Zukunft hinein gerichtet: Wer sich heute selbstgefällig zurücklehnt, wider besseres Wissen auf Steinzeit und Gene beruft und behauptet, dass die Frauen ja sowieso nicht abgeben könnten, muss sich für das eigene Nichthandeln rechtfertigen. Denn was jemand nicht gelernt hat als Kind, lässt sich nachholen. Das allgemeine Wahlrecht wurde den Frauen auch nicht auf dem Silbertablett serviert, es musste erstritten werden.

Care-Arbeit ist vor allem auch ein Bewusstseinsprozess. Die folgenden Fragen sollen deshalb eine persönliche Annäherung an die weitreichende Bedeutung von Care und Mental Load sowie ihre Ungleichverteilung erleichtern.

Who Cares?! – Ein Exkurs in Fragen I

Ein Kind kommt auf die Welt

Wer hat sich im Vorfeld über Geburtsort und Geburtshilfe erkundigt, eine Hebamme gefunden? Wer steht der gebärenden Person zur Seite? In der Schwangerschaft und während der Geburt? Wer übernimmt die Erstversorgung? Wer kümmert sich um die jungen Eltern? Wer hat im Vorfeld Kleidung und Ausstattung besorgt? Wer wäscht, wer wickelt, wer kleidet das Baby ein? Wer ruft zuerst an, wird angerufen? Wer fragt, ob die junge Familie Unterstützung braucht? Wer kocht in den ersten Tagen? Und später? Wer wäscht und putzt und räumt und kauft ein? Auf wen kann sich die neue Familie, die Mutter, der Vater in dieser Situation wirklich verlassen? Und wenn schon Geschwisterkinder da sind: Wer hat sich um diese gekümmert während der Geburt und in den Stunden, Tagen danach? Wo waren sie untergebracht? Und wenn nicht alles gut ging? Das Kind möglicherweise krank ist, mit einer Behinderung auf die Welt kam, die Mutter noch länger medizinisch versorgt werden muss? Wer kümmert sich? Wer fühlt sich verantwortlich, den Kontakt zu halten, zu unterstützen?

Das Kind wird älter

Der Bewegungsradius des Kindes vergrößert sich: Babyschwimmen, Kinderturnen und Flötenunterricht, Tageseltern, Kindertagesstätten, Baby-Sitter·in? Wer recherchiert, wer wählt aus, wer nimmt teil, führt die Gespräche, macht die Termine? Wer bleibt zuhause, wenn das Kind krank ist? Wer wäscht, wer wickelt, wer weiß, wann die nächste U-Untersuchung ansteht? Wer hat den Kinderanhänger am Fahrrad? Wer steht nachts auf, wenn das Kind aufwacht? Bezieht das Bett neu? Wer summt und brummt und singt, wer liest vor? Wer bringt und holt ab, telefoniert und vereinbart die Kindertreffen am Nachmittag, am Wochenende? Wer geht mit auf den Spielplatz? Wer weiß, wo die Matschhose hängt? Wer redet mit den Lehrer·innen? Wer geht auf die Elternabende? Wer lässt sich als Vertreter·in wählen? Wessen Nummer steht auf der Notfallliste? Wer fragt Vokabeln ab? Wer erinnert ans Händewaschen, wer ans Klavierüben und schaut mit über die Schulter? Wer hat die Karten der Krankenversicherung im Geldbeutel, wer übernachtet mit im Krankenhaus? Wer tröstet, wer wird getröstet? Wer wird ermahnt, das nächste Mal besser auf sich aufzupassen? Und wer soll es gleich noch einmal probieren? Wer wird ermutigt, wer eher ausgebremst und von wem?

Die Familie als Team

Bildet die Familie ein Team? Wer kümmert sich um den Haushalt? Wer muss nur mithelfen, und wer ist fein raus? Wer lernt, seine Wünsche hintanzustellen? Wessen Wünsche werden eher mal ignoriert? Wer plant den Urlaub, wer packt die Badetasche? Wen fragen Kinder, wenn sie Rat brauchen? Wer ist ansprechbar, auch wenn der Zeitrahmen kaum Luft lässt? Wer hilft bei den Hausaufgaben und bei schulischen Problemen? Wer vermittelt in Konflikten und stärkt den Rücken? Wer organisiert Paar-Termine, verlangt das Gespräch? Wer kritisiert und fordert, wer gibt nach? Wer kauft ein? Wer macht sich Gedanken übers Essen? Über die (eigene) Ernährung? Wer hält sich zurück, wer langt kräftig zu? Wer sortiert die Wäsche?

Später

Wer geht zur Vorsorgeuntersuchung, wer macht den Termin? Wer drückt sich? Wer meldet sich krank, und wer geht trotzdem arbeiten? Wer redet über eigene Bedürfnisse? Wer stellt Fragen? Wer hält Monologe? Wer unterbricht, wer hört zu? Wer will wissen, was die anderen brauchen? Wer kocht, wer putzt das Klo? Wer pflegt die Sozialkontakte? Wer denkt an die Geburtstage? Wer organisiert die Geschenke? Wer schaut nach der Nachbarin? Wer kümmert sich um die Schwiegermutter? Wer organisiert ihren runden Geburtstag? Wer organisiert eine Pflegekraft und das Essen auf Rädern? Wer organisiert den Platz im Pflegeheim? Wer geht dort regelmäßig hin? Wer spricht Probleme an, wenn es kriselt? Und wer duckt sich weg? Wer organisiert Verabredungen, gemeinsame Unternehmungen? Wer ist für andere da? Und wenn ja, wann und wie lange? Wer bestimmt in letzter Konsequenz? Und auf welcher Grundlage?

Und was ist eigentlich Arbeit?

Fürsorgearbeit bedeutet, andere Menschen in den Mittelpunkt des eigenen Handelns zu stellen, sich selbst und die eigenen Wünsche für eine bestimmte, auch längere Zeit zurückzustellen. Sie bedeutet, Rücksicht zu nehmen und gleichzeitig vorausschauend zu handeln, damit nichts passiert, was einem anvertrauten Menschen schaden würde, oder etwas vergessen wird. Sorgearbeit bedeutet, sich um andere, aber auch um sich selbst zu kümmern, in Ruhe duschen, essen, innehalten zu können ohne schlechtes Gewissen und Rechtfertigung. Ohne Zweifel darüber, ob die so verwendete Zeit wohl effektiv genug genutzt wurde, da die »richtige« Arbeit so lange liegenblieb.

Care-Arbeit wurde in der Soziologie und im feministischen Diskurs auch als Reproduktionsarbeit bezeichnet, ein Begriff, der zurückgeht auf Karl Marx, der damit die (Wieder-)Herstellung von Leben bezeichnete im Gegensatz zur Herstellung von Dingen. Der Begriff bleibt sperrig und missverständlich vor allem in Bezug auf die Ableitung ›produktive Arbeit‹, deren kapitalistische Definition abhängig ist vom Verständnis des Mehrwerts. Produktive Arbeit nach kapitalistischer Definition ist nur solche, die Produkte mit Gebrauchswert schafft, die einen Tauschwert auf dem Markt erzielen. Ohne Tauschwert verliert ein Produkt im Kapitalismus seinen Mehrwert und wird nicht produziert. Das führt dazu, dass Gebrauchswerte, die für eine Gesellschaft eigentlich unverzichtbar sind, aus kapitalistischer

Sicht nicht unbedingt einen Mehrwert haben, und deshalb auch nicht weiter berücksichtigt werden müssen in volkswirtschaftlichen Berechnungen.

Das besondere an Care-Arbeit ist, dass sie sich nicht durch technischen Fortschritt steigern lässt. Zwar kann eine Schuhfabrik auch bei größerer Produktivität mit wenigen Angestellten Gewinne machen, doch für Care-Arbeit braucht es immer viele Menschen – und die Erziehung von Kindern, das Zuhören, die Zuwendung lassen sich nicht technisch beschleunigen. Deshalb wird Care-Arbeit im Kapitalismus systematisch abgewertet. Denn als produktiv gilt sie in diesem Sinne nur, wenn sie in – möglichst billiger – Lohnarbeit erledigt wird.

Die OECD und die Kommission zum zweiten Gleichstellungsbericht der Bundesregierung definieren Arbeit nach der sogenannten Drittpersonenregel: Alles, was auch eine andere, unbeteiligte Person (gegen Bezahlung) erledigen könnte, ist Arbeit. Ich kann mir zwar ein Buch vorlesen, die Zusammenhänge und Verweise erklären lassen (und dafür bezahlen = Arbeit), verstehen muss ich den Inhalt jedoch letztlich selbst. Die Informationsaufnahme, den Bezug herstellen zu meinem eigenen Vorwissen und Geschmack, das kann mir niemand abnehmen (= keine Arbeit, auch wenn es mitunter anstrengend ist). Genauso wenig können andere für mich hören, sehen, fühlen, schmecken oder riechen, denken und lachen, frieren und schwitzen, spielen, Erinnerungen und Assoziationen aufrufen, Kreativität und Vorstellungsvermögen aktivieren – all das muss ich selbst tun oder es findet eben nicht statt. Und beobachten ist etwas anderes, als selbst beteiligt zu sein, mittendrin. Ich kann niemanden dafür bezahlen, all diese Dinge für mich zu tun – Gedanken an Herz-

Lungen-Maschinen und intravenöse oder Sondenernährung lassen wir bei dieser Definitionssuche besser außen vor.

Im Gegensatz dazu kann ich mich sehr wohl waschen lassen. Hin und wieder bleibt mir auch gar nichts anderes übrig: Ich lasse mir also die Haare schneiden und föhnen, lasse mich frisieren, epilieren und ondulieren, pedi-, mani- und sonstwie -küren, an- und ausziehen, tragen und ins Bett legen, werde rüber in den Sessel gehievt, lasse meine finanziellen Angelegenheiten klären, lasse für mich Entscheidungen treffen, Behördengänge erledigen. Alle Tätigkeiten rund um Haushalt, Kindererziehung, Pflege von Angehörigen, Auto, Garten und Einkäufe und was wir sonst noch an wiederkehrenden alltäglichen Verpflichtungen haben, all das ließe sich delegieren, man·frau muss sich nicht unbedingt selbst darum kümmern.

Oft merken wir gar nicht mehr, was wir bereits alles und ganz selbstverständlich ausgelagert haben, wenn verarbeitete Lebensmittel bis hin zum Fertiggericht im Kühlschrank liegen, gerade die Kehrmaschine durch die Straße fährt, die Oma seit Ewigkeiten vor dem Fernseher sitzt und die Kinder noch viel länger vom Smartphone gebannt sind. Auch wenn dafür nicht bezahlt wird, manches möglicherweise unbezahlbar bleibt, all das ist Arbeit, die Zeit, Aufmerksamkeit und Verantwortungsbewusstsein braucht. Manches davon ist weniger dringend, vieles davon lässt sich allerdings nicht aufschieben ohne schwerwiegende Folgen, meistens für andere.

Sorge, Fürsorge, Care ist also Arbeit, und es stellt sich die Frage, wer diese Arbeiten verrichtet und zu welchen Bedingungen kurz-, mittel- und langfristig. Zwar kommen hier unterschiedliche Studien im Detail zu unterschiedlichen Ergebnissen, unstrittig ist aber, dass Frauen die Hauptlast und Verantwortung tragen, sowohl im Privaten als auch ehrenamtlich und beruflich, und das von klein auf. Care-Zeit ist Zeit, über die Mädchen und Frauen nicht frei verfügen können, die ihnen fehlt, um sich beispielsweise um ihre Ausbildung und ihr berufliches Weiterkommen, also das, was wir gemeinhin unter »richtiger« Arbeit verstehen wollen, kümmern zu können oder einfach nur um ihre Freizeit. Und von dieser fürsorglichen Verantwortungsbereitschaft profitieren andere, zumeist Männer, die weniger Care-Arbeit leisten und daher mehr Zeit haben für andere, vermeintlich wichtigere Dinge. Aber was könnte wichtiger sein, als sich um andere Menschen, um Beziehungen zu kümmern?

Unter diesem Blickwinkel betrachtet, fällt auf, wie arbeitsintensiv das gängige weibliche Schönheitsideal ist, und damit ein weiterer Zeitfaktor, der die Selbstbestimmung einschränkt. Natürlich gibt es Mädchen und Frauen, die sich diesem subtilen Anpassungsdruck widersetzen, die weniger Zeit im Badezimmer verbringen, als all die lustigen Werbespots und Comedy-Nummern behaupten. Sie bekommen ihr Anderssein allerdings auch meist deutlich zu spüren. Normalität entsteht durch Wiederholung und Wiederholung, und die immer gleichen (Vor-)Bilder in Werbung und Medien tragen einen wesentlichen Teil dazu bei, dass sich gewisse Handlungsweisen zu Gewohnheiten verfestigen. Die Behauptung, Mädchen und Frauen müssten sich ja nicht zwangsläufig »schön machen«, verschweigt also die Prägungen, die gesellschaftlichen Mechanismen und die eigenen Erwartungshaltungen und verlagert die Verantwortung auf das Individuum, dort, wo es sich doch um ein gesellschaftliches Problem handelt.

Sorgearbeit erfordert zumeist auch Rücksichtnahme, verlangt, sich selbst zurückzunehmen, zu akzeptieren, dass sich die Welt nicht um einen selbst dreht. Und die Gefahr ist stets dabei, sich selbst und die eigenen Bedürfnisse zu vernachlässigen. Dieser Sorgearbeit und fürsorglichen Verantwortung steht die Rücksichtslosigkeit all derer entgegen, die sich raushalten oder rauskaufen aus ihren Verpflichtungen als Eltern, Kinder, als Mitmenschen, denen »Also ich könnte das nicht« als Erklärung genügt. Die gängige Rechtfertigung, Sorgearbeit sei nun mal eine private und persönliche Entscheidung, in die weder Staat noch Unternehmen eingreifen können und sollten, erweist sich dabei als besonders perfide, weil sie all jenen, die Care-Aufgaben übernehmen, die Schuld zuschiebt an den bestehenden Verhältnissen. Dabei kann eine Gesellschaft ohne Sorgearbeit nicht funktionieren, im Kleinen ebenso wenig wie im großen Ganzen.

Welchen (finanziellen) Wert messen wir diesen Arbeiten zu? Und was sagt das aus über unser Selbstverständnis als Menschen, als Gesellschaft? Als Unternehmen, das neue Mitarbeiter·innen sucht, als Krankenhaus oder Betreuungseinrichtung, als Staat? Es geht nicht darum, Arbeit und Leistungen gegeneinander aufzurechnen, es geht schlicht um Verantwortung. Natürlich ist es wichtig, den Rasen zu mähen und vor Winterbeginn die Reifen zu wechseln. Wenn das Baby aber Hunger hat, die Tante gestürzt ist oder der Sohn gerade Liebeskummer hat, dann lässt sich das nicht aufschieben, dann muss frau·man sofort reagieren oder delegieren oder gar die Betroffenen ihrem Schicksal überlassen. Das unterscheidet die körpernahe, direkte, auf Menschen bezogene Sorgearbeit von den bloß unterstützenden Tätigkeiten. Es ist eine ganz andere, viel drängendere Form von Verantwortung.

Wer also trägt welche Art von Verantwortung? Entsprechen das Ansehen und die Entlohnung dieser Verantwortung? Und wie fühlt es sich an, diese Verantwortung nicht selbst übernommen zu haben?

Dass nicht nur die reine Tätigkeit als Arbeit zu werten ist, dafür haben Gewerkschaften gekämpft und Gerichte eindeutige Urteile gefällt: Auch die Bereitschaft ist als Arbeit und Dienstzeit zu bewerten. Wenn Schlaf oder Ruhephasen nur unter der Voraussetzung möglich sind, dass man vor Ort bleibt und frau·man ständig einsatzbereit sein muss, dann ist das Arbeitszeit. Wenn eine Mutter also in den ersten Wochen und Monaten hauptverantwortlich ist für das gemeinsame Kind, weil der Vater seiner Erwerbstätigkeit nachgeht und dafür ausreichend Schlaf braucht, dann ist sie bis auf die kurzen Phasen, in denen er oder eine andere Person das Kind und auch wirklich die Verantwortung übernimmt, im Bereitschaftsdienst, im Extremfall also 24 Stunden am Tag. Was bedeutet: Sie arbeitet. Und laut Arbeitsrecht dürfte die Wochenarbeitszeit auch unter diesen Umständen 48 Stunden eigentlich nicht überschreiten.

Legt frau·man diese juristische Definition von Arbeit zugrunde, dann ist die Zeitverwendungserhebung des Statistischen Bundesamtes gänzlich ungeeignet, einen Gender Care Gap zu berechnen, weil die tatsächliche Belastung und Einschränkung schöngerechnet wird, weil einmal mehr ein verkürzter Begriff von Care und Arbeit reproduziert wird, weil wesentliche Aspekte der Problemstellung verschwiegen werden, zu Lasten der pflegenden, betreuenden, sorgenden Menschen, Aspekte, die mit dazu beitragen, dass die alleinige Verantwortung für Sorgearbeit oft zu sozialer Isolation und Vereinsamung führt.

Das fehlende Verständnis für die Komplexität von Care-Arbeit, die Ignoranz, erkennen zu wollen, wo überall im eigenen Umfeld Sorgearbeit geleistet wird, wer Verantwortung trägt und wer profitiert, macht es ebenso wie ein extrem auf Produktivität und Erwerbstätigkeit reduzierter Arbeitsbegriff, der wesentliche Aspekte menschlicher Existenz und Gemeinschaft ausblendet, schwierig, mit allen Teilen der Gesellschaft in einen ernsthaften, lösungsorientierten und zukunftsgewandten Dialog zu gelangen. Ohne die Anerkennung von Fürsorge als Arbeit, die angemessen honoriert werden muss, ohne diese Wertschätzung und ohne eine faire Verteilung der Sorgearbeit zwischen den Geschlechtern und Generationen, kann es jedenfalls keine gesellschaftliche Gleichstellung geben. Der Gender Care Gap ist gewissermaßen die Urgroßmutter von Gender Pay Gap und Renten Gap.

Diese strikt nach Geschlechtern getrennte Aufgabenteilung und die so entstehende soziale Schieflage sind infolge der Aufklärung über Jahrzehnte gewachsen und wurden schließlich zum Ende des 19. Jahrhunderts gesetzlich festgeschrieben. Der Zeitraum ist überraschend kurz, da es sich bei dieser Aufgabenteilung eben nicht um steinzeitliches Erbe handelt, es eben nicht genetisch angelegt ist – und dennoch geschah diese Festschreibung so lange vor unserer Zeit, dass wir Heutigen nichts dafürkönnen. Wir sind selbst hineingewachsen in diese sozialen Strukturen mit ihren Vorzügen und Ungerechtigkeiten.

Es geht also nicht um irgendeine Schuldzuweisung für vergangene Beschlüsse, es geht um die Verantwortung für die Zukunft, und darin liegt die Chance für eine individuelle Entscheidung und Selbstaussage: Wie gehe ich persönlich mit diesem Erbe um, akzeptiere ich diese Ungerechtigkeiten, weil es schon immer so war (seit rund 150 Jahren) oder versuche ich, diese Gesellschaft in die Zukunft hinein zu verändern und mitzugestalten? Es geht um Ehrlichkeit, gerade sich selbst und den eigenen Lebensumständen gegenüber. Und der verbreitete Hang, die bestehenden Verhältnisse zu beschönigen, verweist auf ein tieferliegendes Problem, denn eigentlich geht es um Privilegien und um die Definitionsmacht, darüber zu bestimmen, was wichtig ist, was honoriert wird und was nicht. Und auf der anderen Seite geht es um gesellschaftliche Teilhabe, um Partizipation und Mitsprache. Gerade die Vehemenz, mit der die bestehenden Verhältnisse oft verteidigt werden, macht deutlich, wie den Beteiligten die Verhältnisse unbewusst und zugleich klar sind, da sie in gehörigem Maße von diesem System profitieren.

Gender Gaps – die heimliche Grundlage des Wirtschaftssystems

2008 fand in Deutschland zum ersten Mal der Equal Pay Day statt, organisiert und durchgeführt von den Business and Professional Women Deutschland (BPW e.V.). Seitdem erinnert der Aktionstag einmal jährlich mit unterschiedlichen Kampagnenschwerpunkten an die ungleiche Bezahlung von Männern und Frauen – sowohl insgesamt als auch in vergleichbaren Beschäftigungsverhältnissen und Berufsfeldern. Der Equal Pay Day stellt die Machtfrage, daher ließ teilweise harsche Kritik nicht lange auf sich warten. Mal wird die Art und Weise der Berechnung in Frage gestellt, dann wieder wird den Frauen ihre Berufswahl oder ihre Entscheidung für Teilzeitstellen als Schuld zugeschoben, all dies nur, um die grundsätzliche Ungerechtigkeit nicht anerkennen zu müssen. Vorgebracht werden diese »Argumente« in häufig aggressivem Ton, der auf eine tiefe Verunsicherung und Abwehrreflexe rückschließen lässt.

Es liegt in der Logik des Systems, dass geringere Löhne und Gehälter oder eine Reduzierung der Erwerbsarbeitszeit für die Familie schließlich auch zu geringeren Rentenansprüchen führen. Und da die gesetzgebenden Instanzen hier nur für unzureichenden Ausgleich gesorgt haben, betrug der sogenannte Gender Pension Gap laut OECD 2019 in der gesetzlichen Rentenversicherung 46 %. Auch an dieser Stelle wird gerne den Frauen die Schuld dafür zugeschoben und damit gleich ihre gesamte

Lebensleistung in Frage gestellt und diskreditiert. Nicht weniger zynisch ist der Verweis auf die längere Lebenserwartung von Frauen, die dadurch insgesamt ja viel mehr Rente bekämen, also eine wesentlich bessere Rendite hätten als Männer.

Eine der Hauptursachen für den Pay und Pension Gap ist die extrem ungleiche Verteilung der Sorgearbeit, der Gender Care Gap. Und auch hier kommt zuverlässig die bekannte Schuldzuweisung: Die Frauen müssten ja nicht Sorge tragen, niemand zwinge sie. Aber wer würde es denn dann machen? All die meist männlichen Menschen, die sich in ihrer Argumentation als Retter·innen der Selbstbestimmung und als Vorkämpfer·innen der persönlichen Freiheit in Szene setzen? Es geht dabei eben nicht um irgendwelche Luxusproblemchen, sondern um lebensnotwendige und gesundheitserhaltende Tätigkeiten, die gemacht werden müssen, insbesondere für Kinder und Pflegebedürftige.

Gut ausgebildete, höfliche und leistungsbereite, belastbare, verlässliche und verantwortungsbewusste junge Menschen seien die Grundlage für ein funktionierendes Wirtschaftssystem und eine zukunftsfähige Gesellschaft, heißt es. Diese vorbildlichen jungen Erwachsenen fallen aber nicht vom Himmel, sie mussten erst werden, was sie sind. Dieses »Humankapital« muss erst (aus)gebildet werden. Und derartige Erziehungs- und Bildungsaufgaben leisten hauptsächlich Frauen und tun dies allzu oft unbezahlt. Das System dankt ihnen diesen Einsatz für die Zukunft der Gesellschaft mit Pay Gap und Pension Gap!

Offensichtlich eng verknüpft mit dem Care Gap ist der Gender Health Gap, der darauf aufmerksam macht, wie unterschiedlich sich alltägliche Entscheidungen und allgemein das Verhalten und die Haltung zum Leben auswirken auf die Gesundheit und die Lebenserwartung. Die Ernährung zum Beispiel, Bewegungs- und Risikoverhalten, aber auch die Bereitschaft, sich medizinische und psychologische Hilfe zu suchen, sich helfen zu lassen – all das trägt zur höheren Lebenserwartung bei.

Am deutlichsten wird der Unterschied zwischen den Geschlechtern anhand der durchschnittlichen Lebenserwartung: Frauen leben fünf Jahre länger als Männer. Allein dieser Umstand sollte eigentlich Argument genug dafür sein, sich auch aus männlicher Sicht mit dem Zusammenhang von Fürsorge, Care-Arbeit und Selbstsorge zu beschäftigen.

Die durchschnittlich kürzere Lebenserwartung von Männern ist ein Problem und eine gesamtgesellschaftliche Herausforderung, ein Zustand, der nicht so sein müsste, der sich ändern ließe. Wieder einmal liegt der Reflex nahe, eine gesamtgesellschaftliche Problematik in Teilbereiche aufzuspalten, die sich dann gegeneinander ausspielen lassen. Auch wenn wir die Bemühungen um »gleichen Lohn für gleiche Arbeit« einstellten und akzeptierten, dass Frauen· auch weiterhin weniger Gehalt und Rente verdienen, wird sich der Gender Health Gap nicht schließen. Und trotzdem haben beide Gaps eine gemeinsame Ursache, die ungleiche Verteilung und mangelnde Wertschätzung von Care-Arbeit.

Unter dem Aspekt Equal Care betrachtet fällt ein weiterer deutlicher Gender Gap auf: Die Umweltschutzbewegung ist weiblich geprägt, nicht erst seit Greta Thunberg. Und gerade dort, wo es um die alltägliche Umsetzung von Ideen geht und nicht um die einmalige spektakuläre Aktion. So wichtig spektakuläre Aktionen sind, um Aufmerksamkeit für das Thema zu bekommen und eine Sensibilität dafür, was passiert – wenn wir die Klimapolitik und nachhaltiges Denken nicht zu einem integralen Bestandteil und Maßstab der Lebensführung aller machen (und auch der Unternehmensführung), wird sich der Klimawandel nicht aufhalten lassen. Und diese politische Forderung immer wieder zu stellen, ist mühevoll, bedeutet Verzicht, ist Arbeit, Care-Arbeit.

Es gibt eine Parallele zwischen der selbstverständlichen Ausbeutung weiblicher Care-Arbeit und der schonungslosen Inanspruchnahme natürlicher Ressourcen. Sowohl weibliche Care-Arbeit als auch Wasser, Luft und Rohstoffe der Natur scheinen frei zur Verfügung zu stehen, stehen sie doch durch Abgrenzung vom wirtschaftlich Produktiven in der Hierarchie tiefer. Doch ohne sie wäre das enorme Wachstum seit Beginn der Industrialisierung nicht denkbar gewesen. Weil Haushalte als außer-wirtschaftlich definiert werden, dort ja nur Reproduktionsarbeit geleistet wird, und damit keine aus wirtschaftlicher Sicht wertschöpfende, produktive Arbeit, wird denen, die im Haushalt tätig sind, die Rolle der Konsumierenden, der Verbrauchenden zugewiesen. Dadurch verstärkt sich die Hierarchie, sinkt die Wertschätzung der Care-Arbeit weiter. Denn was andernorts erwirtschaftet wird (von Männern), wird im Haushalt *nur* verbraucht (von Frauen).

Weil Frauen in Haushalt und Familie die Verantwortung tragen, sind sie automatisch auch zuständig für Gesundheits- und Umweltfragen. Weil sie alltäglich einkaufen und auch darüber hinaus viele Konsumentscheidungen treffen, war es in der Logik des kapitalistischen Systems naheliegend, ihnen auch die moralische Zuständigkeit für den Umweltschutz aufzubürden, schließlich könnten sie sich ja für umweltverträglichere Produkte

entscheiden, mithin anders konsumieren. Durch ihre Einkaufs-
entscheidungen könnten sie Einfluss nehmen auf Produktionsbedingungen und Umweltverträglichkeit. Kurz: Du ganz allein
bist mit deinem Konsumverhalten verantwortlich für den
schlechten Zustand der Erde, nicht die stinkende Fabrik um die
Ecke, nicht die fatalen Entscheidungen der Regierung. Also
musst du dich ändern, und nicht etwa die Gesellschaft ihr kapi-
talistisches System. Wieder einmal konnte so die Verantwortung
für die Zustände von Wirtschaft und Politik auf das Individuum
übertragen werden, wieder einmal vor allem auf die Frauen. Dabei ist deren Gestaltungsspielraum eingeschränkt, weil sie auf
der individuellen Ebene an den bestehenden Verhältnissen und
Machtstrukturen kaum etwas ändern können, egal, wie wenig
sie fliegen, egal, wie gewissenhaft sie ihren Müll trennen.

Die zentralen Fragen zu nachhaltigem Verhalten und Umweltschutz sind letztlich Care-Fragen: Was kann ich heute schon
anders machen, wenn meine bisherige Lebensweise der Umwelt
schadet, Tieren Leid zufügt, Lebensräume zerstört, Ressourcen
verschwendet und somit letztlich auch Einfluss hat auf Leben
und Gesundheit der Menschen. Worauf sollte ich vielleicht besser ganz verzichten? Wie sorgsam und erhaltend gehe ich mit
den eigenen Besitztümern um und mit den Dingen, die uns allen
gehören, gesellschaftliches Allgemeingut sind, Dingen, die wir
nur auf Zeit leihen. Diese Fragen sollten wir uns aber nicht allein
im stillen Kämmerlein stellen, sondern wir müssen die ganze
Gesellschaft befragen: Wie ernähren wir uns? Wie gestalten wir
unsere Freizeit, unsere Beziehungen? Welchen Lebensstil pflegen
wir da eigentlich? Machen wir uns überhaupt Gedanken über
die Folgen unseres Handelns für Natur, Umwelt und Gesell-

schaft? Und welche Möglichkeiten der Einflussnahme und des Verzichts haben wir eigentlich? Der Politikwissenschaftler und Armutsforscher Christoph Butterwegge hat in einem Interview mit Spiegel Online folgende These aufgestellt: »Ohne eine Lösung der sozialen Frage wird es keine Lösung der ökologischen Frage geben. Nur wenn wir die sozialökonomische Ungleichheit in den Griff bekommen, haben wir gegen den Klimawandel eine Chance.«

Sorge- und Care-Arbeit sind die inhaltliche Klammer, die ökologische und soziale Fragen aneinanderbindet. Und die vorgeschobene Bitte, dringend notwendige Umweltschutzmaßnahmen abzuschwächen, verschieben zu müssen, da sie vor allen Dingen sozial verträglich sein müssten, spielt diese beiden Sphären gegeneinander aus und verschleiert die eigentlichen Motive. Gesellschaft und Wirtschaft profitieren von der viel zu kostengünstigen, bisweilen freien Verfügbarkeit von natürlichen Ressourcen sowie von privater und beruflicher Care-Arbeit. Nur durch diese doppelte Ausbeutung entstehen immense individuelle Gewinne und Vermögen, sie ist ein Hauptgrund für die wachsenden Unterschiede zwischen arm und reich, auf individueller und zwischenstaatlicher Ebene. Eine Lösung beider Probleme ist nur dann möglich, wenn wir sie zusammen denken.

DER CARE GAP BEGINNT
IM KINDERZIMMER

Frühkindliche Prägungen

Wenn wir unsere Ideen zu Equal Care vorstellen, ist eine häufige Reaktion, dass wir uns da ja ganz schön viel vorgenommen hätten. Und manchmal folgt die Bemerkung, wir wollten wohl die ganze Welt retten. Natürlich wollen wir die ganze Welt retten, wer möchte das nicht. Doch es würde uns schon genügen, wenn wir einen winzigen Beitrag dazu leisten könnten, die Welt zu einem besseren Ort zu machen.

Eigentlich wollen wir nur darauf aufmerksam machen, welche sozialen Verwerfungen aus der ungleichen Verteilung von Care-Arbeit zwischen den Geschlechtern entstanden sind, wie sie sich ständig reproduzieren. Und so wichtig die Diskussionen und Initiativen in der Erwachsenenwelt auch sein mögen, Diskussionen etwa um Elterngeld+, Männer in Kindertagesstätten und Grundschulen sowie die »Initiative Klischeefrei« und der »Zukunftstag Mädchen und Jungen«, die Schere zwischen den Geschlechtern geht schon sehr früh in der Kindheit auf. Und je länger wir warten, desto schwieriger wird es, diese Unterschiede wieder zu überwinden. Wenn es uns ernst ist mit einer ausgeglichenen Verteilung von Care-Aufgaben und Sorgeverantwortung, gilt es, viel früher anzusetzen, dann müssen wir uns bewusst machen, wie sehr wir selbst beteiligt sind an der Reproduktion der bestehenden Verhältnisse – und zukünftig entsprechend anders handeln.

Wir alle sind in diese Welt hineingewachsen, die so großen Wert legt auf die Unterscheidung der Geschlechter in weiblich und männlich. Wir haben diese Regeln als Kinder gelernt und verinnerlicht. Und wir beharren mehrheitlich auf dieser Trennung, obwohl das Bundesverfassungsgericht in einem wichtigen Urteil einen dritten positiven Geschlechtseintrag eingefordert hat, der von den gesetzgebenden Institutionen als ›d‹ für divers umgesetzt wurde. Das war überfällig, weil es in der Medizin längst anerkannt ist, von einer Vielzahl von Geschlechtern zu sprechen, da das komplexe Zusammenspiel von Genen, Hormonen, Körperbau und der Ausprägung der primären und sekundären Geschlechtsmerkmale nicht immer so eindeutig verläuft, wie wir das annehmen. Streng genommen haben wir alle ganz unterschiedliche Varianten von Geschlecht, und nur in wenigen seltenen Fällen ist eine Varianz gesundheitlich so problematisch, dass sie medizinisch behandelt werden muss, sie also als Krankheit zu bezeichnen wäre.

Der Glaube an die Zweigeschlechtlichkeit und statistisch zuordenbare Eigenschaften und Fähigkeiten führt dazu, dass wir unterschiedliche Erwartungen stellen an Jungen und Mädchen, wir anders mit ihnen umgehen. Und wenn wir dann hinausschauen in die Welt, fühlen wir uns bestätigt, weil die Idee von

Geschlechterdichotomie zwar im Detail vielleicht nicht stimmt und nicht stimmen kann, es aber im Großen und Ganzen irgendwie doch schon so aussieht, als wäre sie korrekt. In der sozialpsychologischen Forschung wird das als ›confirmation bias‹ bezeichnet: Frau·man sieht und hört vorzugsweise das, was die eigene Meinung bestätigt, Gegenbeispiele werden gerne gleich wieder vergessen.

Live fast, die young – das Paradoxon männlicher Sozialisation

Der Gender Care Gap schränkt nicht nur Frauen• ein, er schadet massiv auch Männern•. Der Gender Care Gap mag die Urgroßmutter des Pension Gap sein, er ist vor allem der Urgroßvater des Gender Health Gap, siehe die oben bereits angesprochene Tatsache, dass Männer in Deutschland eine um durchschnittlich fünf Jahre kürzere Lebenserwartung haben als Frauen. In männerrechtlichen und antifeministischen Kreisen wird dieser Fakt gerne als Argument dafür angeführt, dass Männer die eigentlich Leidtragenden dieses Gesellschaftssystems seien. Abgesehen davon, dass mit einer solchen Argumentation versucht wird, die offensichtlich für alle Geschlechter negativen Auswirkungen des gesellschaftlichen Zusammenlebens gegeneinander auszuspielen und aufzurechnen, sind die Schlussfolgerungen und Forderungen kontraproduktiv: Männer in ihrer Männlichkeitsrolle zu bestärken, kann nicht die Lösung sein, da doch gerade das aktuelle Verständnis von Männlichkeit eines der eigentlichen Probleme ist.

Für die unterschiedliche Lebenserwartung von Männern und Frauen gibt es nur wenige biologische, dafür aber sehr viele soziale Erklärungen. Möglicherweise wird der biologische Faktor sogar aufgehoben durch all die Vorteile, die Männer gerade im Gesundheitsbereich genießen. In der medizinischen und pharmazeutischen Forschung zum Beispiel gilt nach wie vor noch viel zu oft der männliche Körper als Bezugsgröße und Norm, was zur Folge hat, dass Medikamente, Therapien oder auch die Sicherheitstechnik in Autos auf einen Durchschnittsmann hin optimiert werden. Damit ist nicht nur Frauen nicht geholfen, bisweilen sind die Folgen dieser Grundannahme sogar schädlich für alle. Darüber hinaus haben Untersuchungen gezeigt, dass Herzinfarkte bei Frauen seltener erkannt und ernst genommen werden, und diese seltener wiederbelebt werden und somit bei Notfällen im öffentlichen Raum ein höheres Sterberisiko haben.

Eigentlich zielt die klassisch-männliche Sozialisation auf Selbstständigkeit, auf Stärke und Unabhängigkeit. Jungen und Männer lernen, sich bloß nicht reinreden, sich nichts vorschreiben lassen, selbst zu entscheiden, unter gar keinen Umständen zum Opfer zu werden – und als oberste Regel gilt: nicht weiblich wirken, unmännlich, homosexuell, nur das nicht! Tatsächlich bewirkt diese Art der Erziehung und Sozialisation das genaue Gegenteil. Abgesehen davon, dass niemand unabhängig sein kann von der Fürsorge anderer, sind Männer ganz oft besonders abhängig, wenn es um die alltägliche Sorgearbeit im Privaten geht. Viele können gar nicht alleine für sich sorgen, keinen Haushalt führen, sich nicht selbstständig und gesund ernähren, es fehlt ihnen dafür nicht nur an Wissen, sondern auch an den rein praktischen Fertigkeiten, denn diese sind weiblich konnotiert und »für den Mann« deshalb tabu. Weil das so ist, lernen auch viele Jungen diese haushälterischen Fertigkeiten nicht, weder in Kindertagesstätten und Schulen noch in der Familie. Damit sich daran etwas ändert, müssten sich Männer ihrer Prägung bewusst werden und aktiv dagegen angehen.

Aber natürlich lässt sich Care-Arbeit auch einfach einkaufen, kann der Mann andere für sich arbeiten lassen – das ist ja die schnöde Basis des Alleinernährermodells: Er bringt das Geld nach Hause – sie kümmert sich um alles Übrige. Allerdings bedeutet diese Art der Lebensführung zwangsläufig, immer abhängig zu sein von den Fähigkeiten und mehr noch von der Bereitschaft und Anteilnahme derer, die man für die Care-Arbeit bezahlt. Und je geringer die eigenen finanziellen Mittel sind, desto schwieriger wird es, Care-Aufgaben auszulagern – und desto trauriger werden oft die Lebensverhältnisse, beispielsweise im Trennungsfall, schlimmer noch nach der Pensionierung, wenn schon die Erwerbsarbeit als wesentlicher Lebensinhalt weggefallen ist und dann eventuell noch die Partnerin stirbt.

In Verbindung mit der ebenfalls erlernten Unfähigkeit oder mangelnden Bereitschaft, sich Hilfe und Unterstützung zu suchen, andere um Rat zu fragen, zuzulassen und sich selbst einzugestehen, dass man eine Situation nicht alleine bewältigen kann, hilfsbedürftig, schwach ist, dass man es einfach nicht alleine schafft – all das führt in der Summe dazu, dass es Männern spürbar besser geht, wenn da eine Frau ist, die sich um sie kümmert. Eine, die ihm den Rücken freihält, die durch ihre reproduktive Arbeit erst dafür sorgt, dass er in diesem verengten Wortsinn produktiv sein kann. Erschreckenderweise sind Männer in heterosexuellen Paarbeziehungen dementsprechend tatsächlich statistisch glücklicher, gesünder und leben auch länger. Das scheint den Männern selbst klar zu sein, denn viele von ihnen wechseln von einer Beziehung nahtlos in die nächste und leben und sorgen selten für sich allein. Ein Verhaltensmuster, das bei Frauen weitaus seltener auftritt.

Zur vorherrschenden Idee von Männlichkeit gehört es, anzunehmen, dass all das, was man selbst nicht kann, nicht lernen durfte, auch nicht wertvoll und erstrebenswert sein kann. Die Abwertung und systematische Geringschätzung von Care-Arbeit, die verzweifelt-überzeugte Suche nach technischen Lösungen, die Aggression im Ausdruck, all das sind offensichtliche Manöver, von der eigenen Abhängigkeit und Unselbstständigkeit abzulenken. Möglicherweise steckt auch eine gewisse Traurigkeit in dieser vehementen Abwehr, darüber, schon als Kind ausgegrenzt worden zu sein aus einem wesentlichen Bereich des menschlichen Lebens, abgeschnitten zu sein von Teilen des eigenen Wesens. Diese Traurigkeit äußert sich allerdings aggressiv. Und auch das ist ein erlerntes Verhaltensmuster: Die Schuld nicht bei sich zu suchen, sondern bei anderen, und Traurigkeit und Verletzung nach außen zu kehren und anderen zum Vorwurf zu machen.

Insbesondere im Alter zeigt sich bei zu vielen Männern, wie wenig Erfüllung die eigene Berufstätigkeit auf Dauer gebracht hat. Nach der Verrentung steigt die Suizidrate bei Männern extrem an und verdoppelt sich bis in die Altersgruppe der über 85-jährigen. Bei Frauen beginnt der statistische Anstieg der Suizidrate erst rund zehn Jahre später und steigt auch nicht in dem Maße an. Zunehmendes Alter ist also für alle Geschlechter eine belastende Situation, der allerdings mehr Männer mit Selbstmord begegnen. Insgesamt ist die Suizidrate bei Männern gegenüber den Frauen über alle Altersgruppen hinweg mehr als doppelt, im Alter sogar mehr als viermal so hoch.

Ein weiterer Geschlechterunterschied zeigt sich in der Art und Weise, wie Selbstmorde vorbereitet und durchgeführt werden.

Männer handeln auch hier deutlich gewaltvoller, immer wieder werden Außenstehende in Mitleidenschaft gezogen (etwa bei sogenannten »erweiterten Suiziden«). Männer schaffen sich eher Suizid-Situationen, die keinen Ausweg, keinen Rückzieher mehr zulassen, die schneller und endgültiger sind. Wer eine weiche Methode wählt, beispielsweise eine Überdosis Schlafmittel, könnte im letzten Moment doch noch selbst um Hilfe rufen oder entdeckt werden. Wenn man vor einen Zug springt, das Auto gegen einen Brückenpfeiler lenkt, ist das nicht mehr möglich. Selbstmordversuche von Männern gelingen deutlich öfter als jene von Frauen.

Die höhere Selbstmordrate ist ein großer Faktor für die geringere Lebenserwartung von Männern – und sie wird, wie gesagt, vor allem von konservativen Menschen gern angeführt, um zu beweisen, dass es jetzt geboten sei, Jungen und Männer in ihrer Männlichkeit zu fördern. Doch wie könnte das konkret aussehen? Müsste der Ansatzpunkt nicht sein, Jungen und Männer zu befähigen, über ihre Gefühle, Sorgen und Nöte zu sprechen, sich medizinische und psychologische Hilfe zu suchen, zuzulassen, dass sie keine Helden sein müssen? Müssten wir nicht endlich anerkennen, dass es die immer wieder propagierte und selbst auferlegte Härte ist, die Männern schadet? Bräuchte es nicht eine männliche Emanzipation hin zu mehr Fürsorge und Selbstsorge, mehr Rückhalt in familiären Strukturen, in der Gemeinschaft abseits vom Berufsleben und jenseits von Männerbünden und Seilschaften, die Schützenverein, Studentenverbindung oder Fußballverein oft darstellen? Und müsste der Ansatzpunkt dann nicht die Kindheit sein, müsste es nicht bedeuten, dass wir Jungen von Anfang an ernst nehmen mit ihren Bedürfnissen nach Geborgenheit, Familie und Fürsorge und sie diese Welt dann auch spielerisch erfahren lassen, ohne derartige Interessen der Kinder abzuwerten oder zu unterbinden?

Puppen haben keine Väter

Die Puppe für Jungen ist die ›Actionfigur‹. Wenn sie noch ganz klein sind, bekommen Jungen zwar auch Kuscheltiere geschenkt, aber sehr viel seltener auch eine Puppe, und vor allem geschieht das längst nicht in jeder Familie. Selbst wenn sich ein kleiner Junge über einen längeren Zeitraum hinweg eine Puppe wünscht, heißt das noch lange nicht, dass er auch eine bekommt. Mädchen dagegen besitzen meist auch dann eine, wenn sie sich ganz offensichtlich mehr für das Konstruktionsspiel interessieren, das der Bruder geschenkt bekam.

Alle Kinder empfinden gerne spielerisch nach, was sie selbst erleben. Und da sie am Anfang noch sehr viel Zeit in der elterlichen Wohnung verbringen, sind das oft Haushaltstätigkeiten, Alltäglichkeiten in der Familie, insbesondere wenn ein jüngeres Geschwisterkind dazukommt. Da gibt es keine Unterschiede zwischen Mädchen und Jungen. Allerdings gibt es einen Unterschied in der Erwartungshaltung und im Verhalten der Erwachsenen. In sogenannten »Baby X-Studien« konnte das immer wieder und in den unterschiedlichsten Settings gezeigt und nachgewiesen werden: Wird Erwachsenen gesagt oder durch die Farben der Bekleidung suggeriert, das Kind, das sie gerade sehen, sei ein Junge, dann spielen die allermeisten von ihnen anders mit diesem Kind, kommunizieren anders mit ihm und schätzen es auch anders ein, als wenn ihnen dasselbe Kind später als Mädchen vorgestellt wird. Das Kind, von dem Erwachsene glauben, es sei ein Junge, wird als kräftig, robust und schwer beschrieben, und wenn es weint, wird Wut oder Ärger als Ursache vermutet. Als Mädchen gelesen, wird dasselbe Kind leichter eingeschätzt, als zierlich, niedlich, zart beschrieben, und wenn es weint, dann bestimmt aus Angst. Ein und dasselbe Kind wird also anders eingeschätzt, anders behandelt, einzig und allein deshalb, weil es für ein Mädchen oder einen Jungen gehalten wird. Und das zieht sich durch die weitere Erziehung: Jungen wird von Anfang an ein größerer Bewegungsradius zugestanden als Mädchen. Jungen sollen losziehen und die Welt entdecken, während Mädchen angehalten werden, sich am Platz und mit sich selbst zu beschäftigen. Und das alles zu einem Zeitpunkt, an dem Kinder sich noch kaum verbal äußern können, noch gar keine Vorstellung haben von ihrer Geschlechtsidentität oder davon, dass das ihnen bei der Geburt zugewiesene Geschlecht möglicherweise gar nicht stimmt.

Später, wenn ein Junge sich verletzt hat im Spiel, wird er zwar auch getröstet, kürzer als ein Mädchen im Durchschnitt, aber immerhin. Doch dann wird er schnell wieder losgeschickt, soll sich neu versuchen, beim nächsten Mal wird es schon klappen, auf geht's. Mädchen dagegen bekommen in der gleichen Situation häufiger mit auf den Weg, ab jetzt vorsichtiger zu sein und besser auf sich achtzugeben. Jungen lernen eher, ihre Angst und körperlichen Schmerz zu überwinden, Mädchen dagegen sollen sich zurücknehmen. Jungen lernen, an und über ihre körperlichen Grenzen zu gehen, Mädchen lernen, auf sich selbst und auf ihren Körper zu achten. Das mag im Einzelfall ganz anders sein, in den Durchschnittszahlen zeigt sich allerdings, dass Jungen und männliche Erwachsene weniger Worte in ihrem aktiven Wortschatz haben, um Gefühle zu benennen. Sie lernen außerdem, Gefühle wie Trauer, Enttäuschung oder Angst in Wut zu verwandeln, anstatt mit ihnen umzugehen. Und die Auslöser für dieses Gefühl suchen sie im Umfeld, Schuld sind deshalb meist die anderen. Wie sollen Jungen mit diesen Botschaften lernen, Verantwortung für sich selbst zu übernehmen, Traurigkeit und Angst zuzulassen?

Da also Erwachsene unterschiedliche Erwartungen an das Verhalten von Mädchen und Jungen haben, nehmen sie auf diese Weise unbewusst Einfluss auf deren Verhalten. Denn Kinder passen sich den Erwartungshaltungen an, sie lernen und nehmen die Regeln der Erwachsenen an, um dazuzugehören, um ›richtig‹ zu sein. Kinder im Vorschulalter wollen nicht als anders, seltsam, untypisch wahrgenommen werden, das ist nachvollziehbar und menschlich: Jungen mögen und entscheiden sich schon allein deshalb für Dinge, die Erwachsenen als männlich gelten, und auch Mädchen verhalten sich lieber so, dass sie der Erwartungshaltung der Erwachsenen entsprechen, als sich hämischen Kommentaren auszusetzen. Ein Satz wie »An der ist ein Junge verloren gegangen« mag anerkennend klingen, vermittelt aber: Du bist anders als die anderen. Diese Botschaft holt sich kein Fünfjähriges freiwillig ab, und es braucht ein überdurchschnittliches Selbstbewusstsein, um an Interessen oder Verhaltensweisen festzuhalten, die doch offenbar – und die Erwachsenen werden's schon wissen – außerhalb der Norm liegen. Daher passen sich Jungen wie Mädchen den konventionellen Rollenvorgaben an.

Auch Empathie sei weiblich konnotiert, so vermittelt es alle Werbung, die sich um Babynahrung oder Erkältungsmedizin dreht. Die Gefühle anderer zu erkennen und sie im eigenen Handeln zu berücksichtigen, dieses Wissen wird Mädchen eher zugetraut und damit auch abverlangt. Jungen dagegen, wenn sie sich rücksichtslos verhalten, werden entschuldigt: »Boys will be Boys«, »so sind sie eben«. Das gilt auch dann, wenn sie anderen Kindern, insbesondere Mädchen gegenüber übergriffig werden, sie an den Haaren ziehen, mit Sand bewerfen, zwicken oder treten. Studien zeigen, dass ein Verhalten, das bei Mädchen eher unterbunden wird, bei Jungen häufiger auf Nachsicht trifft: »Er kann eben seine Gefühle nicht besser ausdrücken«, warum bloß? Manchmal heißt es sogar: »Was sich liebt, das neckt sich« oder »Wahrscheinlich mag er dich, er kann's nur nicht besser zeigen«. Erklärungsversuche von Erwachsenen, die auch wiederholtes Fehlverhalten wegwischen mit dem Hinweis auf das Geschlecht und dessen vermeintlich besondere Eigenschaften. Anstatt von Jungen Rücksichtnahme und Respekt einzufordern und ihnen andere Wege der Konfliktbewältigung oder des positiven Gefühlsausdrucks zu eröffnen, werden sie darin bestätigt, ein »echter Kerl« zu sein. Dabei wäre es vor allem für die wichtig, die dabeistehen, die nicht übergriffig sind, die sich anders verhalten, dass sie gestärkt würden in ihrer Haltung. Und Mädchen müssten nicht so früh schon lernen, Übergriffe als Kompliment zu deuten und ansonsten besser den Mund zu halten.

Tatsächlich bekommt das Selbstbewusstsein von Mädchen im Alter von fünf, sechs Jahren einen ersten Knacks, während Jungen im selben Alter den ersten Schub erhalten in Sachen Selbstüberschätzung. Bis zum Übergang von der Kindertagesstätte zur

Schule trauen Kinder sich und anderen prinzipiell alles zu und machen da keine großen Unterschiede. Sie wissen, dass Geschlecht, Herkunft, Religionszugehörigkeit oder soziale Schicht nichts darüber aussagen, ob ein Mensch intelligent, sportlich oder mathematisch-technisch begabt ist, musikalisch oder fürsorglich. Aber mit dem Eintritt in die Grundschule fangen Mädchen an, ihre Leistungen zu unterschätzen und die der Jungen zu überschätzen. Jungen wiederum beginnen, sich und ihre Leistungen zu überschätzen und auf Mädchen herabzusehen. Gemeinsam gelangen sie zu der Überzeugung, dass Jungen und Männer im Durchschnitt intelligenter seien und damit besser geeignet für die wichtigen Aufgaben und Positionen in unserer Gesellschaft, vor allem natürlich in Sport, Mathematik, Technik und als »Entscheider«. Fürsorge und Pflege bleiben dagegen der einzige Lebensbereich, in dem Frauen und Mädchen mehr Kompetenz als männlich gelesenen Menschen zugestanden wird.

Diese Grundüberzeugung ändert sich im weiteren Lebenslauf kaum mehr, egal wie gut die Noten und Abschlüsse junger Frauen auch sein mögen. Sie selbst erklären sich diese Erfolge überwiegend durch Disziplin und Fleiß, manchmal auch durch Glück. Junge Männer dagegen beziehen Erfolge auf ihr grundsätzliches Sein, ihre Persönlichkeit, »ich kann es eben«. Und diese gesamtgesellschaftliche Grundüberzeugung, die sich biologisch durch nichts begründen lässt, führt später dazu, dass bei der Besetzung von wichtigen, verantwortungsvollen Positionen in Wirtschaft und Kultur, in Politik und Wissenschaft vornehmlich Männer ausgewählt und befördert werden (von zumeist männlichen Vorgesetzen). Frauen hingegen kommen verstärkt in machtvolle Positionen, wenn es darum geht, Vertrauen zurückzugewinnen, wenn Menschen auf der Beziehungsebene überzeugt werden müssen, wie Angela Merkel nach den Parteispendenskandalen der CDU oder Theresa May nach dem Brexit-Referendum 2016.

Kinder lernen die geschlechtliche Zuordnung von Interessen, Verhaltensweisen, Fähigkeiten und Aufgaben durch die unausgesprochene Verteilung der Zuständigkeiten und der Verantwortung in der erweiterten Familie, bei Freunden und Freundinnen, in Kindertagesstätten und Grundschulen. Sie lernen ihre Rollen jedoch ebenso anhand von Medien, Büchern und Filmen, in der Werbung, bei Produktdesign und durch Verpackungen der Lebensmittel- und Konsumgüterindustrie! Diese Bilder und Zuschreibungen wiederholen sich so gleichbleibend stereotyp, dass es für Jungen nur schwer möglich ist, sich diesem Einfluss zu entziehen und eine eigene Identität – und eine weniger limitierte Männlichkeit – zu entwickeln; später ist dies vielleicht und mit viel Bewusstseins- und Biografiearbeit möglich, aber nicht als Kind.

Die Auswirkungen dieses Männlichkeitsideals sind vielfältig: Jungen sind risikobereiter im Straßenverkehr, im Sport und ihrer Freizeitgestaltung, ebenso bei Alkohol-, Nikotin- und Drogenkonsum. Sie denken seltener über ihre Gesundheit nach und über die Auswirkungen ihrer Lebensführung, insbesondere ihrer Ernährung, warum auch, wenn ihr Handeln von außen nicht in Frage gestellt, sondern als normal und wünschenswert angesehen wird. Und auch hier sind die Bilder und Prägungen eindeutig. Jungen werden angehalten, ihren Teller leer zu essen, damit sie groß und stark werden, Werbung für gesunde oder fettarme Lebensmittel und Produkte richtet sich dagegen an Frauen. Wenn Männer in der Lebensmittelwerbung vorkommen, dann geht es um Fleisch, Grillen und Alkohol, gerade so, als hätte die Industrie ein Interesse daran, dass Männer kürzer leben. Natürlich ist hier keine Verschwörung im Gange, doch der verbreitete Glaube an die Rollenzuordnungen in der Zweigeschlechtlichkeit erzeugt diese Bilder.

Selbst in Schulbüchern schlägt sich dies nieder: Jungen sind aktiv, und Mädchen stehen daneben, beobachten und unterstützen, bleiben aber letztlich passiv. Männer werden verstärkt draußen gezeigt, Frauen im häuslichen Umfeld und so weiter.

Nach diesen Vorbildern hat ein Junge cool zu sein, sportlich, stark und abenteuerlustig. In den Werbekampagnen der Spielwarenindustrie geht es um Kampf, Krieg und Kontrolle, um Abenteuer, Explosionen und Lärm. Die medialen Vorbilder sind kompromisslos und tun stets das Richtige und Notwendige, um die, also ihre, Welt zu retten, äußerste Gewaltanwendung ist dabei nicht nur inbegriffen, sondern offensichtlich ausdrücklich erwünscht. Zwar sorgen sich auch die Filmhelden um ihre Angehörigen und Freund·innen, die eigene soziale Gruppe, die im Zweifelsfall jedoch im Stich gelassen werden muss, der guten Sache zuliebe. Deren Leiden haben innerhalb der Geschichten vor allem die Funktion, die letzten Reserven und Willensanstrengungen der Heldenfigur zu mobilisieren. Neben den oft diskutierten Ego-Shootern der Computerspielbranche ist als neue Spielart des Männlichkeitswahns der Gangsta Rap dazu gekommen, mitsamt seiner Überhöhung eines idealisierten Lebens in der Unterwelt – auch hier geht es darum, keine Autoritäten zu akzeptieren, sein eigenes Ding durchzuziehen, ohne Rücksicht und nur bedacht auf den eigenen Vorteil. Und nicht zuletzt die Realpolitik rechtspopulistischer Agitatoren von Trump über Johnson, Orban, Bolsonaro und hierzulande den Vertretern der AfD. All das sind Vorbilder und Vertreter einer Männlichkeit, die tatsächlich toxisch ist, giftig, weil sie für ihre Vertreter selbst lebensverkürzend wirkt und schädlich bis tödlich sein kann für die Frauen in ihrer Umgebung.

Männliche Fürsorge unter Generalverdacht

Wie konnte es dazu kommen, dass fürsorgliches Verhalten und Selbstsorge bei Jungen mit Homosexualität verknüpft wird? Diese absurde Kausalität weitergedacht würde bedeuten, dass schwule Männer die besseren Väter sein müssen, weil das Spiel rund um Puppen und Fürsorge ihnen ermöglicht, schon früh kennenzulernen und spielerisch auszuprobieren, was sie später einmal sein wollen? Wäre es damit nicht an der Zeit, alle Vorbehalte gegen ein Adoptionsrecht für homosexuelle Paare aufzugeben?

Doch selbstverständlich hat das Spielzeugangebot keinen Einfluss auf die sexuelle Orientierung und Fürsorglichkeit ist kein Merkmal, an dem man sie ablesen könnte. Dafür hat allein diese Vorstellung viel mit einem toxischen Männlichkeitsbild zu tun. Denn die Sorge, dass aus dem Sohn kein ›richtiger‹ Mann werden könnte, ist bisweilen so groß, dass Verbote ausgesprochen und Kinder bestraft werden: »Du spielst mir aber nicht mehr mit dem Puppenhaus«, bis hin zu: »Jetzt gehen wir mal zum Friseur und lassen dir die Haare ordentlich schneiden.« Und auf diesen Übergriff folgt dann zuverlässig der Kommentar von wem auch immer: »Jetzt siehst du wieder wie ein richtiger Junge aus.«

Wenn sich Jungen festlich anziehen möchten für eine Feier oder einen besonderen Moment – welche Auswahl und Möglichkeiten haben sie dann, sich auszudrücken? Jogginghose und Baggy-Jeans in Camouflage sind dafür kein wirklich passendes Mittel. Hemd und Krawatte sind für Kinder meist ungemütlich, ein dunkler Anzug also? In der Kleidung ihrer Väter können Jungen wenig Unterschied erkennen zwischen Büro und Beerdigung, Bankbesuch und Hochzeit. Wenn sich ein Junge im Vorschulalter hübsch machen möchte, tut er das, was er bei den Menschen sieht, die sich hübsch machen dürfen: Mutter, Schwester und Freundinnen haben die Möglichkeit, Röcke und Kleider zu tragen. Auch Schmuck und Nagellack, Haarspängchen und Lippenstift, alles liegt in der weiblich konnotierten Schublade. Dabei ist weniger der Genderwechsel in Kleidung und Aussehen das Problem – und schon gar kein Beleg für Homosexualität oder Transidentität –, sondern die beschränkte Auswahl männlich konnotierter Kleidung und Schönheitsideale.

Wenn weibliche Schönheit nicht in Frage kommen soll für Jungen, die keine Lust mehr haben auf das einfältige Angebot der Modeindustrie, brauchen sie andere Möglichkeiten des Ausdrucks. Jungen herabzusetzen in ihrem Wunsch, sich um sich selbst zu kümmern, schön aussehen zu wollen, ist ein vermeidbarer Tritt in Richtung toxischer Männlichkeit. Derartige Erfahrungen schreiben sich fest im kollektiven Bewusstsein der Jungen. Und später dann, wenn sich junge Männer für Care-Berufe interessieren, Erzieher werden wollen, Väter, die sich zur

Hälfte oder sogar hauptsächlich um Kinder und Familie kümmern, brechen diese Vorurteile wieder auf und manifestieren sich in einem Generalverdacht, der Männer herabsetzt, ihnen Pädophilie oder anderweitige sexuelle Übergriffigkeit unterstellt. Es sind nicht die Jungen und Männer falsch, es sind die einfallslosen Rollenbilder, die limitierten Vorstellungen und engen Grenzen von Normalität, die wir alle in unseren Köpfen tragen. Ein Rollenbild, das Männer fürsorglich sein lässt, eine ›Caring Masculinity‹, ist das Gegenteil des aktuellen, hegemonialen Männlichkeitsbildes.

Wer also wirklich möchte, dass sich der Gender Health Gap schließen und sich die Lebenserwartung von Männern verlängern möge, hat keine Wahl, als bei diesen frühen Prägungen zu beginnen und gegen toxische Männlichkeitsbilder anzugehen, nicht gegen die Emanzipations- und Frauenrechtsbewegungen. Denn, wie gesagt, auch das ist eine früh gelernte, männliche Strategie, die eigene Verunsicherung, Traurigkeit oder Enttäuschung in Wut und Aggression zu externalisieren, die Schuld bei anderen zu suchen, nur nicht bei sich selbst. Mit diesem Verhaltensmuster kann man·frau in vielen Bereichen Karriere machen, für manche Branchen mag das sogar eine Grundvoraussetzung sein, im Care-Bereich reüssiert sich damit eher nicht.

Vorbilder und Normalität – Männer in der Pflege

Es geht als Witz durch, sich über das Unwissen, das Linkische und die Schusseligkeit von Männern in Haushaltsdingen auszubreiten, gerade auch in der Werbung und in Filmen. Der Hinweis, dass junge Männer erst bei der Bundeswehr lernen würden, Betten zu beziehen, Kleider zusammenzulegen und ordentlich in einem Schrank zu verstauen, soll lustig sein. Und der militärische Drill samt Strafandrohung brächte es mit sich, dass die meisten das dann auch gewissenhaft ausführten. Ob sie diese neuen Fertigkeiten wohl auch danach noch anwenden im zivilen Leben, mit Familie?

Der Bezug zu Pflege und Care-Arbeit war im Zivildienst ungleich größer und direkter. In den Jahren vor der Abschaffung der allgemeinen Wehrpflicht und damit auch des Zivildienstes zum 31. Dezember 2011 pendelten die Zahlen um die 80–100.000 Zivis pro Jahrgang. Und auch wenn nicht alle in der direkten, körpernahen Pflege gearbeitet haben, etwa ein Fünftel der jungen Männer der Geburtsjahrgänge 1960 bis Anfang der 1990er Jahre hatte und hat persönliche Erfahrungen im Care-Bereich gemacht, ganz selbstverständlich. Und manch einer hat durch diese Erfahrungen seine ursprünglichen Ausbildungs- und Berufsziele noch einmal in Frage gestellt und sich umorientiert. Abgesehen von den neuen Erfahrungen hatte ein Zivildienstleistender nach der Schule mehr Zeit, sich ohne Druck Gedanken zu machen über die Zukunft und eigenen Lebensziele.

Diese Grunderfahrung ganzer Generationen gibt es seit 2012 nicht mehr, diese Selbstverständlichkeit, mit der damals von vielen über Care gesprochen wurde – der persönliche Bezug fehlt jungen Männern inzwischen. Damit sich heute ein junger Mann für einen Beruf im Care-Bereich interessiert, muss dieses Interesse aus ihm heraus entstehen, vielleicht durch Vorbilder im eigenen Umfeld, die Selbstverständlichkeit und Beiläufigkeit, mit der frühere Generationen Erfahrungen im Care-Bereich sammeln konnten, ist nicht mehr gegeben. Und gibt es durch das familiäre Umfeld keinen Einblick und Bezug zur Sorgearbeit, dann sind eigene Kinder oder pflegebedürftige Angehörige die ersten und einzigen Anlässe, sich mit Care auseinanderzusetzen und ein eigenes Verhältnis dazu zu entwickeln.

Insgesamt gibt es in den Familien wenig positive Vorbilder für Jungen im Care-Bereich. Das hat nicht nur damit zu tun, dass immer häufiger beide Eltern berufstätig sind, zum Teil beide in Vollzeit, und so die Notwendigkeit (und in diesem Fall hoffentlich auch die finanzielle Möglichkeit) besteht, Care-Arbeit auszulagern. Wenn Kinder ganze Tage in Kindertagesstätten und Schule verbringen, lernen sie sicher nicht weniger, doch sie lernen andere Dinge als Kinder, die in einer Zeit groß wurden, in der Schule um 13 Uhr endete, und sie zuhause ganz beiläufig Hausarbeit miterlebten. Dafür war zwar seinerzeit fast ausschließlich die Hausfrau und Mutter zuständig, immerhin jedoch war Hausarbeit ein normaler, sichtbarer Bestandteil des Lebens.

Männer sind im Durchschnitt vier Jahre älter als ihre Partnerinnen und sterben fünf Jahre früher. Das macht statistisch gesehen neun Jahre, die Frauen ihre Männer überleben. Was dazu führt, dass Männer nur ganz selten in die Situation kommen, ihre Partnerinnen pflegen zu müssen. Das heißt, es gibt den pflegenden Mann kaum im Bewusstsein der Menschen und Familien, auch wenn die wenigen privat pflegenden Männer gern von Medien portraitiert und sichtbar gemacht werden. Männer reden über Politik, das Weltgeschehen und vielleicht über eigene Krankheitsgeschichten, eigene Erlebnisse als Pflegende haben sie selten beizusteuern. Das hat für Jungen und junge Männer Auswirkungen auf die Vorstellungen von der eigenen Zukunft.

Wie also lassen sich gezielt Anreize und Berührungspunkte schaffen, dass Jungen und Männer ein persönliches Verhältnis zu Care-Arbeit und Pflege entwickeln, eine freiere, selbstbewusstere Entscheidung treffen können für oder gegen die berufliche Pflege und Arbeit mit Kindern?

Eine nachhaltige Veränderung könnte damit anfangen, dass wir Jungen ermutigen und anleiten, sich mit Puppen und Spielküchen zu beschäftigen und all das spielerisch nachzuvollziehen, was sie selbst erleben, dass wir sie ernst nehmen in ihrem Bedürfnis nach Geborgenheit und körperlicher Nähe, dass wir aufhören, dieses Grundbedürfnis zu sexualisieren. Familie allein kann das nicht leisten, und auch die Kindertagesstätten sind darin in ihren Möglichkeiten beschränkt. Es braucht in Medien und Kinderliteratur, in der Werbung und den Produktpaletten der Unternehmen positive Vorbilder und Identifikationsmöglichkeiten. Bisher sind sie so vereinzelt, dass sie für Kinder lediglich jene Ausnahmen bilden, die die Regeln bestätigen. Von einer Selbstverständlichkeit und Beiläufigkeit im Umgang mit Care-Arbeit ist das aktuelle Angebot weit entfernt.

Wir könnten weiter darüber nachdenken, wie sich Erfahrungsräume schaffen ließen, in denen sich Jungen im Haushalts- und Pflegebereich als Handelnde erleben können, dass sie sich die Freude erhalten können, die sie erleben, wenn sie zum ersten Mal eigene Kekse gebacken, Nudeln mit Tomatensauce oder Pudding gekocht haben. So ungern (alle) Kinder ihre Zimmer aufräumen, putzen und für Ordnung sorgen, am Ende ist es doch ein gutes Gefühl, wenn sie zum ersten Mal ihr Bett frisch bezogen oder selbst ihre Wäsche gewaschen haben, und Staubsaugen ist für kleine Kinder ohnehin ein großes Abenteuer. Es stärkt Kinder in ihrer Selbstständigkeit, auch auf lange Sicht, wenn sie Verantwortung übernehmen können.

Und mit Blick in die Zukunft und auf die weitere Lebenserwartung wäre das ein wesentlicher und notwendiger Schritt zur Gleichberechtigung: Fünf Jahre leben Männer durchschnittlich kürzer als Frauen, also umgerechnet knapp 44.000 Stunden. Legt man·frau nun vereinfachend eine durchschnittliche Lebenserwartung von 80 Jahren zugrunde, entspricht das 1,5 Stunden pro Tag. Auf das gesamte Leben hochgerechnet, sind die Tage der Männer also 1,5 Stunden kürzer (von der Abhängigkeit und Lebensqualität nicht zu sprechen). Würden sich Männer nur eine Dreiviertelstunde pro Tag, also die Hälfte dieser Zeit, mit Care-Arbeit und Selbstsorge beschäftigen, dann wäre das in der durchschnittlichen Summe ein Gewinn an Lebenszeit von 45 Minuten pro Tag. Und Frauen in einer heterosexuellen Beziehung mit Kindern hätten ebenfalls 45 Minuten mehr Zeit, in denen sie sich nicht um Kinder und Küche kümmern müssten, eigentlich eine klassische Win-Win-Situation. Ob sich das medizin-statistisch wirklich belegen lässt, ist eine andere Frage, wichtig ist allein, dass männliches Care-Engagement Frauen ganz selbstverständlich entlasten und damit freier machen würde, was ein notwendiger Beitrag wäre für eine gerechtere Gesellschaft. Vor allem aber brächte dies für die Männer· selbst Vorteile mit sich: mehr Lebens- und Beziehungsqualität und, ja, vielleicht auch mehr Lebenszeit.

Gendermarketing und die Macht der Bilder

Im Gegensatz zu ihren Brüdern bekommen die meisten Mädchen ganz selbstverständlich eine und nicht nur eine Puppe, mit der sie dann allein oder mit Freundinnen und Schwestern spielen können. So scheint es vorgedacht zu sein, wenn frau·man sich Kataloge, Werbung und Verpackungsdesign anschaut: Vielleicht findet sich da irgendwo ausnahmsweise am Rand ein Junge mit im Bild, angesprochen im Text werden aber ausschließlich Mädchen, die »Puppenmuttis«. Sie sollen Mutterschaft spielerisch nachempfinden – und sich offenbar schon einmal einfühlen, wie später ihre Realität aussehen wird mit eher abwesenden Vätern. Möglicherweise ist der Puppenvati (eine Vokabel, die im Spielzeugmarketing nicht genutzt wird) gerade auf Arbeit, und deshalb nicht da, weil er sich um das Familieneinkommen kümmern muss. Vielleicht haben sich die Puppeneltern aber auch getrennt, und sie spielt alleinerziehend und auf sich gestellt. Ein Wechselmodell, wie es gerade in der Erwachsenenwelt diskutiert wird – oder gar ein Nestmodell – scheint zu kompliziert für die Spielewelt, das müssten die Puppenmuttis schon selbst erfinden und einfordern von ihren Brüdern und männlichen Spielkamerad·innen.

Es gibt zahlreiche Studien, die nachweisen, wie sehr dieses nach Geschlecht getrennte und vorsortierte Spielwarenangebot die Entscheidungsfreiheit von Kindern einschränkt und sie in der Entwicklung und Ausbildung ihrer Interessen lenkt. Und der Einfluss auf die Kinder durch Außenwerbung, Smartphones und Social Media hat sich in den vergangenen Jahren immer weiter vergrößert.

Doch wer Gendermarketing kritisiert und mit dem negativen Einfluss auf Kinder argumentiert, erfährt aus Vertrieb- und Marketingabteilungen, dass hier nur die Bedürfnisse und Wünsche ihrer Kund·innen erfüllt werden, in dem Fall von Kindern. Und der Umsatz gibt ihnen scheinbar recht, es wird gekauft, sonst gäbe es das geschlechtergetrennte Angebot ja nicht. Doch die Tatsache, dass Firmen Unsummen investieren, um zu erforschen, wie durch Werbung neue Bedürfnisse geschaffen werden können, die es vorher noch gar nicht gab, wird in dieser Debatte gerne unter den Tisch gekehrt. Dass das angeblich angeborene Bedürfnis von Mädchen nach Puppen auch dann befriedigt würde, wenn Puppen als »Kinderspielzeug« angeboten und nicht pink gelabelt und durch Bildsprache und Einordnung in die »Mädchenabteilung« von Jungen ferngehalten würden – egal. Das Spielwarenangebot hält an traditionellen Rollenbildern fest und reproduziert gesellschaftliche Verhältnisse und eine stereotype Aufgabenverteilung, die viele Familien längst hinter sich gelassen haben und die in anderen noch nie so aussah. Und selbst wenn das eigene, traditionelle Bild als Vorlage dient, welche Verantwortung trägt die Medien- und Konsumgüterindustrie, und wo liegt ihre Vision? Wie wäre es, wenn wir Kindern anböten, ab und zu eine bessere Welt zu spielen, kein kitschiges Idyll ohne Streit und Konflikte, sondern die Utopie eines gleichberechtigten gesellschaftlichen Zusammenlebens, in dem alle entdecken können, was in ihnen steckt, wofür sie sich interessieren, was sie gut können? Möglicherweise stellten wir dann fest, dass alle wichtigen Bereiche und Aspekte des Lebens abgedeckt werden, freiwillig und von Menschen, die ihre Aufgaben wirklich gern übernehmen.

Doch stattdessen reproduziert Werbung Rollenbilder so, als hätte es nie eine Frauenbewegung gegeben. Es ist immer wieder ernüchternd zu sehen, welche Angebote Jungen in Werbespots, in Prospekten und auf Verpackungen gemacht werden und welche Rolle für Mädchen vorgesehen ist: Was kann er alles erleben und entdecken, solange sie in der Puppenküche steht – und ihm den Rücken freihält? Welche berufliche Vielfalt wird Jungen vorgestellt, während Mädchen in ein Prinzessinnenkostüm gezwängt werden? Wie vielfältig und spannend sind seine Spielwelten, wie eingeschränkt das Angebot für Mädchen. Ist das die Kernaussage, die wir Mädchen mit auf ihren Weg in eine selbstbewusste Zukunft geben wollen, dass sie schön und niedlich, liebevoll und zurückhaltend sein sollen? Und dass ihr vorbestimmter Platz die Küche sei?

Ja, Unternehmen müssen Gewinne machen, sich von der Konkurrenz abheben. Und durch die Aufspaltung der einen Zielgruppe Kinder in die zwei Zielgruppen Jungen und Mädchen lassen sich die Umsätze steigern, denn die Eltern sollen Spielzeug zweimal kaufen, einmal in hellblau, einmal in rosa. Dies wird funktionieren, solange Familien bereit und in der Lage sind, dem kleinen Bruder ein neues Fahrrad zu kaufen, weil das der großen Schwester so übertrieben süß-pink-glitzernd ist, dass ihm das als Junge nicht zugemutet werden kann. Doch warum wollte die Tochter damals unbedingt diese rosa Version von Fahrrad, Bett oder Schulranzen haben? Vielleicht auch, weil alle anderen Mädchen ähnliche Fahrräder hatten, weil sie dazugehören wollte und weil es ohnehin kaum eine neutralere Auswahl mehr gibt.

Ist es vertretbar, dass in den Spielwelten, die für Mädchen vorgesehen sind, Abenteuer und Technik eine so kleine Rolle spielen? Und sich alles um Schönheit und Haare, kleine Felltiere und Magie dreht, um Prinzessinnen und Pferde? Kinder wollen nicht einfach nur spielen! Kinder erkunden spielerisch die Welt, fühlen sich ein, und was sie spielen (sollen), lenkt ihre Interessen und prägt wesentlich die Vorstellungen, die sie sich von ihrer eigenen Zukunft machen. Und wenn sie nie angeregt wurden, im Spiel auf den Mars zu fliegen, Außerirdische zu entdecken und eine Rakete zu bauen, wenn sie Schminkköpfe, Puppenhäuser und Laufstege geschenkt bekommen, dann ist der Traum, Astronautin zu werden, natürlich weiter entfernt als der des Models oder der Beauty-Influencerin. Wünschen sich die Unternehmen der Spielwarenindustrie tatsächlich eine neue Generation von Hausfrauenmüttern, die die Küche als ihren angestammten Ort sieht? Ihre Kataloge lassen genau das vermuten. Wenn hier reale Welten (jenseits der märchenhaften Prinzessinnenwelten) mit Mädchen abgebildet werden, dann beim Kochen, Wickeln oder Haare Kämmen – Rollen im Haushalt. Eine breite Auswahl an Berufen wie in den Spielewelten für Jungen gibt es auf den rosa Seiten nicht. Und trotzdem behaupten dieselben Unternehmen in ihren Stellenausschreibungen, dass sie sich selbstbewusste, technisch interessierte und führungsstarke junge Frauen wünschen. Wenn das stimmt, dann ist es höchste Zeit, dass die Spielzeugindustrie ihre Mitarbeitenden aus Personal, Entwicklung und Marketing diesen Widerspruch diskutieren und auflösen lässt.

Das Kinderhilfswerk der Vereinten Nationen UNICEF hat in seinem Bericht »Harnessing the Power of Data for Girls« vorgerechnet: Mädchen im Alter von 5–14 Jahren arbeiten weltweit 160 Millionen Stunden mehr im Haushalt als ihre Brüder pro Tag, 160 Millionen Stunden, die Jungen mehr zur Verfügung haben für die eigenen Interessen. Und mit zunehmendem Alter steigt die zeitliche und emotionale Belastung der Mädchen, vergrößert sich der Care Gap zwischen Frauen und Männern, auch in Deutschland und Europa. Was für ein ungeheuerlicher Zeitgewinn, ein Mehr an Freizeit, das Privileg, sich um die Dinge im Leben kümmern zu können, die einem helfen, hinter den Töpfen vor- und im Leben voranzukommen: (lesen) lernen, studieren, Kontakte knüpfen, einen Beruf finden, soziale Teilhabe genießen, mitgestalten.

Wie kommt es, dass sich Medien, Werbung und Spielwarenindustrie so schwertun, Mädchen den spielerischen Weg in eine Erwerbsbiografie zu ebnen? Warum wird in so vielen Bildern und Geschichten dieser für die Rentenansprüche so fatale Bruch durch berufliche Auszeiten bereits für Kinder so detailliert in Szene gesetzt? Und im Umkehrschluss: Warum wird es Jungen so schwer gemacht, eine Care-Biografie zu entwickeln?

Care Chains und die Auslagerung erzieherischer Verantwortung

Je höher die einzelnen Gehälter und das Familieneinkommen sind, desto sinnvoller erscheint es – vor allem wenn beide Elternteile ihrer Berufstätigkeit in Vollzeit nachgehen –, Care-Arbeit auszulagern: Wäsche waschen, Bad und Toilette, Haus und Wohnung putzen lassen, das Kochen und die außerfamiliäre Betreuung der Kinder, der pflegebedürftigen Eltern, ebenso die Gartenarbeit und die Instandhaltung von Haus, Wohnung, Geräten et cetera von bezahlten Kräften erledigen zu lassen. Frau·man könnte vieles davon selbst machen, doch je höher die berufliche Belastung, desto notwendiger wird die Auslagerung, keine Frage.

Mit der Auslagerung der direkten und indirekten Care-Arbeit wird zum Beispiel auch der Erziehungsauftrag auf andere übertragen. Wenn wir selbst nur am Abend und Wochenende erziehen und andere für uns putzen und kochen lassen, vermittelt dann die Putzhilfe den Kindern, wie man·frau Böden wischt und Fenster putzt und was alles sonst noch dazu gehört, damit Haus und Wohnung sauber werden? Wer bringt Kindern das Haushalten im wörtlichen Sinne bei? Einen Blick zu entwickeln dafür, was gerade ansteht und was auch noch eine Woche liegen bleiben kann? Können Haushälterin, Au-Pair, Kita und Lieferservice Kindern vermitteln, wie frau·man eine gesunde Mahlzeit zubereitet, wie das Einkaufen samt Preisvergleich und Vorratshaltung funktioniert? Übernimmt diese Aufgabe die Kindertagesstätte der Zukunft, zwei Erzieherinnen mit 20 Kindern in einer Gruppe? Schult die unter Tariflohn bezahlte Pflegekraft, erklärt und lebt vor, was es bedeutet, verantwortlich zu sein für das Wohlergehen eines Menschen, was Pflege und persönlicher Beistand ist? Wie sollen Kinder lernen, was Care-Arbeit ist, wenn es nicht im alltäglichen Tun stattfindet und die Eltern nicht als Vorbild dienen? Wie lernen Kinder Care, wenn die Familie sie ausgelagert hat. Braucht es dazu die folgenden beiläufigen Fragen und Bitten oder sind sie verzichtbar beziehungsweise wer stellt sie: Kannst du mir bitte kurz helfen, die Kartoffeln zu schälen? Denk dran, den Müll rauszubringen! Hast du dein Bett jetzt abgezogen, ich starte nämlich gleich die Waschmaschine? Vergiss nicht, der Oma einen Liter Milch und ein Päckchen Mehl mitzubringen. Genügt es, Fragen dieser Art nur alle paar Tage in seltenen Care-Momenten zu stellen oder schafft die Auslagerung von Care neue Probleme, von denen wir heute noch nichts ahnen? Probleme, die Kinder erst zu spüren bekommen, wenn sie ausgezogen sind und selbst Kinder haben?

Und wahrscheinlich liegt in genau diesem Dilemma und dem daraus resultierenden Leidensdruck sogar eine Chance, noch einmal zurückzublicken und Care-Arbeit neu zu bewerten. Denn all diese Tätigkeiten, die Familien auslagern müssen, um mit Kindern voll berufstätig sein zu können, waren seit der Antike bis Mitte des 18. Jahrhunderts Teil des Wirtschaftsverständnisses; alle haus- und bedarfswirtschaftlichen und damit familiären Care-Aufgaben standen im Mittelpunkt der Ökonomie. Erst mit der Industrialisierung wurden Tätigkeiten innerhalb der privaten Haushalte aus dem Wirtschaftsbegriff ausgeklammert. Sie wurden Frauen als natürlicher Zuständigkeitsbereich zugewiesen, und aus dem, was als »Arbeit« bezeichnet wurde, ausgeklammert. Der Ökonom Friedrich List hatte diese verkürzte Definition von Produktivität schon damals kritisiert und provokant zusammengefasst: »Wer Schweine erzieht, ist nach ihr ein produktives, wer Menschen erzieht, ein unproduktives Mitglied dieser Gesellschaft«.

Sicher ist, dass die zunehmende Auslagerung von Care-Arbeit aus der Familie innerfamiliäre Herausforderungen und mögliche Konflikte schafft und zwar auf Kosten der Gesellschaft und weit über die Landesgrenzen hinaus. Solange Care-Arbeit an andere – vornehmlich an Frauen – ausgelagert wird, die so schlecht bezahlt werden, dass es für eine angemessene, eigenständige Altersvorsorge oft nicht reicht, die dafür ihre eigenen familiären Care-Aufgaben vernachlässigen müssen, sind kleine private Erfolge der Besserverdienenden zu teuer erkauft.

Die Pläne des Bundesgesundheitsministeriums, gezielt Fachkräfte aus dem Ausland anzuwerben, um den Pflegenotstand hierzulande zu lösen, folgen demselben Prinzip: Die Herausforderungen werden ausgelagert, die gesellschaftlichen Fragen nicht diskutiert. Das funktioniert nur, weil wir in einem reichen Land leben und arbeitssuchende Menschen gern nach Deutschland oder Österreich oder in die Schweiz kommen, da hier das niedrige Lohnniveau immer noch höher ist als das hohe andernorts. Und wir können unsere Probleme anderen überlassen.

Das funktioniert auch in den USA, wo zum Beispiel philippinische Ärztinnen in Privathaushalten als Altenpflegerinnen arbeiten oder Mexikanerinnen die Kinder anderer betreuen, während ihre eigenen im besten Fall von den Großeltern aufgezogen werden. Das funktioniert in Saudi Arabien, wo Frauen aus

Indien, Bangladesh und Sri Lanka als Haushaltshilfe, Betreuungs- und Pflegekraft eingestellt oder, besser gesagt, eingekauft werden, sodass sie ihre eigenen Kinder oft mehrere Jahre nicht sehen. Wenn also gut ausgebildete Pflegekräfte nach Deutschland geholt werden, hinterlassen sie oft selbst eine Sorgelücke in der eigenen Familie, in den Krankenhäusern, Kindertagesstätten und Pflegeeinrichtungen ihres Herkunftslandes. Und diese Sorgelücke muss geschlossen werden, entweder durch Angehörige, zumeist die Mutter der Pflegekraft, oder wiederum durch Frauen aus noch ärmeren Ländern, gegen entsprechend geringere Bezahlung. Für jede Familie, für jedes Land mag das zunächst eine finanziell naheliegende und vorteilhafte Entscheidung sein, am Ende dieser Care Chains jedoch lässt sich die immer weiter verschobene Sorgelücke nicht mehr schließen, sind irgendwo Kinder, pflegebedürftige Angehörige, Menschen in Armut, denen die nötige familiäre Zuwendung fehlt und in deren Ländern es oft kein funktionierendes staatliches Sozialsystem gibt. Und je länger die Sorgekette wird, desto prekärer die Situation der betroffenen Frauen. Wie überall führt ungleiches Kräfteverhältnis zu Machtmissbrauch; wer sich mit globalen Betreuungsketten befasst, kommt deshalb am Thema Menschen-, also Frauenhandel nicht vorbei.

Aufgrund der Verlagerung von Care-Problemen in andere, wirtschaftlich schwächere Länder können wir uns in den reicheren Ländern einbilden, dass das System funktioniert und wir sogar Fortschritte machen bei der Gleichberechtigung der Geschlechter. Die Wahrheit allerdings, der unbereinigte Gender Care Gap zeigt, dass die Probleme nur verlagert worden sind und damit anderen Gesellschaften, die in schwierigeren Verhältnissen leben, die Lösung eines grundsätzlichen Problems zugeschoben wurde. Auch das ist eine Form von Kolonialismus – durch die Macht des Geldes: Wir kaufen uns frei und überdecken mit Geld eine grundsätzliche Rücksichtslosigkeit, nicht nur an den Außengrenzen Europas.

Die Auslagerung weiter Teile der Textil- und Konsumgüterindustrie, der Export von Elektroschrott und Plastikmüll haben denselben Sinn und Zweck, nämlich die Verantwortung zu verlagern und die Lösung der eigentlichen Herausforderungen zu vertagen.

Wenn das Auslagern nicht ausreicht, um die eigenen Herausforderungen zu bewältigen, die Auslagerung möglicherweise sogar neue Probleme mit sich bringt, bleibt immer noch die Hoffnung, dass neue technische Entdeckungen und Entwicklungen schon bald eine Lösung bringen. Dies ist eine bequeme Hoffnung, entbindet sie uns doch von der dringenden Notwendigkeit, selbst etwas tun, unser eigenes Verhalten in Frage stellen und verändern zu müssen. Diese Hoffnung war schon immer trügerisch, im Care-Bereich ist sie ganz offensichtlich unangebracht, weil ihr wieder einmal ein extrem verkürzter Sorgebegriff zugrunde liegt.

Möglicherweise wäre es ein lohnender Ansatz für eine neue Entwicklungshilfepolitik, damit aufzuhören, die gut ausgebildeten Fachkräfte aus IT und Pflege abzuwerben, und im Gegenzug darauf zu verzichten, all die in der Logik unseres Wirtschaftssystems niederen, anstrengenden, schmutzigen Arbeiten auszulagern. In Krisenzeiten schicken wir Ärzt·innen-Teams um die halbe Welt, um eine Not zu lindern, die wir selbst mit verursacht haben. Für diese Teams sammeln wir Spenden, die unser

Gewissen erleichtern. Mit echter Fürsorge hat das alles nichts zu tun.

Wenn wir das Care-System reformieren und neu denken wollen, dann kann Auslagerung keine Option sein, stattdessen müssen wir tragfähige und nachhaltige Lösungen finden. Ein erster notwendiger Schritt wäre, anzuerkennen, dass unser Wirtschaftssystem nicht immer schon so war, nicht natürlich gegeben ist und daher auch nicht so schwer zu verändern wäre, wie es die Wirtschaftsweisen behaupten. Wie jedes System reproduziert und erneuert es sich jeden Tag aufs Neue, und wir alle sind Teil dieses fortwährenden Prozesses, können eingreifen, mitgestalten, Sand sein im Getriebe. Die Einflussfaktoren mögen vielfältig sein, Rollenklischees, ökonomische Theorien und die Vorstellung von Produktivität, Unternehmensstrukturen, Politik, all das bildet verfestigte Denkmuster, hinzu kommt oft schlichtes Unwissen über die Komplexität des Themas, wenn nicht Desinteresse. Es gilt, den Blickwinkel zu verändern, den Fokus weg von Fragen der Wirtschaftlichkeit hin zu Solidarität und Rücksichtnahme zu verschieben. Und es muss nicht gleich die ganz große Lösung sein. Wichtig ist: Wir können Einfluss nehmen im Kleinen, in der Familie, und ebenso in größeren Zusammenhängen.

VORAUSSCHAUENDE RÜCKSICHTNAHME

Lösungsansätze für ein altes Problem

Definiert man Care aus biografischer Perspektive, gibt es kein Leben ohne Care. Wir würden kaum unseren ersten Tag erleben, gäbe es nicht sofort Menschen um uns herum, die sich kümmerten. Das Leben kann nur mit Care und Fürsorge beginnen, und so sollte es auch enden dürfen: behütet und umsorgt. Doch in beiden Lebensmomenten sind wir als Gesellschaft bereit, Care-Arbeit und Fürsorge einzusparen. Die Frage, wie das Leben beginnt, wie der Moment aussieht, in dem Familie ihren Anfang nimmt, sollte die nicht zunächst einmal frei von wirtschaftlichen Zwängen beantwortet werden dürfen? Doch dazu kommt es gar nicht erst: Die Situation der Hebammen und die Zahl geschlossener Kreißsäle zeigt es ebenso wie die mangelnde Wertschätzung von Geburt an sich, die zunehmend kürzere Schonzeit, die Gebärenden zugestanden wird. Schon allein die unwürdige Diskussion auf EU-Ebene, ob zwei Tage Vaterschaftsurlaub nach der Geburt nicht mehr als genug seien oder die Tatsache, dass es in vielen Ländern keine vergütete Elternzeit gibt, zeigt, welchen Wert wir der Phase beimessen, in der der Grundstein für die

Bindungsfähigkeit im weiteren Leben gelegt wird. Die Ökonomisierung von Geburt macht deutlich, wie wenig Zeit und Wertschätzung wir Familien zugestehen, um ein gesundes Bindungsverhalten zu entwickeln, obwohl genau darin die Grundlage für funktionierende Beziehungen liegt, für soziales Zusammenleben, für eine funktionierende Gesellschaft.

Die Würde des Menschen ist unantastbar – gilt das auch für den alten, den pflegebedürftigen Menschen? Kommen wir also zurück zur Frage, die wir eingangs gestellt haben: In welcher Welt wollen wir alt werden? Oder vielleicht muss sie anders lauten: Wie wollen wir einmal sterben? Welche Rolle spielt Fürsorge am Ende des Lebens? Die meisten Menschen wünschen sich, im vertrauten häuslichen Umfeld zu sterben, im Kreis ihrer Familie und ihrer Angehörigen, aber für die wenigsten geht dieser Wunsch in Erfüllung. An Stelle des »friedlichen Tods« ist das professionell begleitete Sterben getreten in klinischer Umgebung, oft in Einsamkeit. Die medizinische und technische Machbarkeit sorgt in vielen Fällen sogar für eine Sterbe- anstatt Lebensverlängerung, und die Hochleistungsmedizin trägt mit dazu bei, dass das Sterben nicht mehr als Teil des Lebens wahrgenommen wird. Eine noch größere Rolle spielt aber die mangelnde Wertschätzung von Care-Arbeit und unsere Bereitschaft, sie ins Unsichtbare zu drängen. Es sind oft die, die einmal über einen längeren Zeitraum hinweg die Arbeit des Teams eines Hospiz' kennen- und damit automatisch wertschätzen lernen durften, die erspürt haben, wie wichtig die Sorge um ein friedliches Sterben ist und wie wenig menschliche Würde ohne Care-Arbeit übrigbleibt.

Denn wie viel Wissen um die Rolle von Care vermittelt zum

Beispiel das Medizinstudium? Welche Kenntnisse in Philosophie und Ethik haben Ärzt·innen? Welche Rolle wird die pflegende Medizin im Gegensatz zur kurativen in Zukunft spielen vor dem Hintergrund des demografischen Wandels? Chronisch kranke, pflegebedürftige Menschen mit demenziellen Veränderungen, die nicht mehr gesund werden, haben das Recht auf ein selbstbestimmtes Leben und auf ein ebensolches Sterben. Aber aktuelle politische Entscheidungen in der Familien-, Sozial-, Gesundheits- und Pflegepolitik und die Rolle, die Care-Arbeit und pflegende Medizin im Moment spielen, verspricht nichts, was mit dem Begriff »friedlich« in Einklang zu bringen wäre.

Wenn wir vom Endpunkt des Lebens ausgehen, also quasi zurückblicken auf das eigene Hier und Jetzt, dann braucht es vorausschauende Entscheidungen, damit dieser letzte Wunsch nach einem würdigen Tod im Familien- oder Bekanntenkreis auch in Erfüllung gehen kann, für uns und für andere Menschen. Zunächst muss frau·man darüber mit sich selbst ins Gespräch kommen, sich klar werden über die eigenen Vorstellungen und Erwartungen. Und diese dann mit anderen teilen. Damit ein würdiger Tod im Familien- oder Bekanntenkreis möglich wird, braucht es einen starken Zusammenhalt, Verantwortungsbewusstsein und gegenseitige Wertschätzung, zudem die finanziellen Möglichkeiten, dass eine intensive Begleitung daheim oder im Hospiz auch über einen längeren Zeitraum möglich ist. Und vielleicht sollte diese Art des Sterbens, die sich so viele Menschen wünschen, kein Luxus sein, sondern vielmehr ein Grundrecht? Ein solches zu garantieren, wäre allerdings nur möglich, wenn wir als Gesellschaft über so viel Respekt und Mitgefühl verfügen, dass wir bereit sind, die Rahmenbedingungen für die notwendige Care-Arbeit entsprechend zu verändern und anzupassen.

Vorausschauende Rücksichtnahme soll heißen, das eigene Leben vom Endpunkt, vom Tod her zu betrachten, um sich entsprechend anders zu verhalten, andere Entscheidungen zu treffen, um heute eine Veränderung herbeizuführen. Sprechen Sterbende darüber, was sie rückblickend auf ihr Leben am meisten bedauern, nennen sie überwiegend Beispiele, die mit Care und sozialem Miteinander zu tun haben, nie geht es um Besitz und Einkommen. Das » Ich wünschte, ich hätte ... « bezieht sich auf Freundschaften, die nicht gepflegt wurden, auf Zuwendung oder zu wenig Nähe zu Menschen, die einem persönlich wichtig sind. Viele Männer bereuen, zu viel Zeit in ihre Karriere anstatt in ihre Familie oder Partnerschaft investiert zu haben. Im Alter bedauern viele Männer, zu wenig Zeit mit ihren Kindern verbracht zu haben, bedauern, dass sie deren Heranwachsen, ihre Entwicklungen nur aus der Ferne miterlebt haben und nicht als Beteiligte, Ansprechpartner, Spiegel. Manche von ihnen haben die Chance, dieses Erlebnis mit ihren Enkelkindern ein Stück weit nachzuholen. Für andere bleibt es eine Leerstelle im Leben. Insbesondere im Alter zeigt sich, wie wenig nachhaltige Erfüllung den meisten Männern die eigene, vielleicht durchaus erfolgreiche Berufstätigkeit gebracht hat. Nach der Verrentung steigt daher, wie gezeigt, die Suizidrate unter Männern immer weiter.

Macht Care-Arbeit einsam?

Solange unbezahlte Care-Arbeit als Privatsache behandelt wird, in wirtschaftlichen Berechnungen nicht auftaucht, als nicht relevant in vielen Debatten vergessen wird, werden auch jene, die Care-Arbeit leisten, nicht gesehen.

Care-Arbeit steht für ein Mit- und Füreinander, stattdessen macht sie jedoch jene, die sich kümmern (müssen), oft einsam. Ein wirklicher Austausch findet oft nur in Selbsthilfegruppen genügend Raum, wer nicht betroffen ist, meidet das Thema aus Unbehagen, aus persönlicher Sorge vor der eigenen Zukunft oder aus schlechtem Gewissen, denn eigentlich könnte, sollte, würde, müsste man·frau helfen, unterstützen, wenn nur nicht ... Und die Betroffenen scheuen sich, Hilfe einzufordern oder andere zu belasten mit ihren drängenden Sorgen und Nöten. Dazu kommt, dass oft schlicht die Zeit fehlt für ein Gespräch in Ruhe und Offenheit, weil der Alltag mit Pflege- und Betreuungsaufgaben so ausgefüllt ist und die frei verfügbare Zeit knapp. Das führt in viel zu vielen Fällen zu sozialer Isolation und Einsamkeit für die Pflegenden – und mehr noch bei den Pflegebedürftigen. Sorgearbeit findet nicht mehr in der Familie, der Nachbarschaft oder Gemeinde statt, sondern zunehmend in abgeschlossenen Räumen, in der Unsichtbarkeit.

Allen technischen Kommunikationsmöglichkeiten zum Trotz entwickelt sich Einsamkeit in den westlichen Gesellschaften zunehmend zu einem ernsthaften Problem. Das fängt an bei jungen

Menschen, wenn sie zum ersten Mal in eine eigene Wohnung, eine fremde Stadt ziehen, betrifft ebenso ältere Menschen und, vielleicht überraschend, junge Mütter, die aus dem berufstätigen Leben ausgeschieden sind und denen damit der Zugang zu einem wesentlichen Lebensbereich fehlt, an dem Gemeinschaft stattfindet, nämlich am Arbeitsplatz, mittags in der Kantine, in Meetings, auf Dienstreisen und Kongressen oder auch einfach nach der Arbeit, wenn man·frau noch gemeinsam etwas trinken geht, gemeinsam Sport macht. Und während die Hausfrau im Ideal des Biedermeiers selten alleine war, vielleicht zu selten, weil Kinder, möglicherweise Bedienstete, Verwandte oder die älteren Generationen mit im Haus waren, ist die Kernfamilie inzwischen so klein geworden, dass es einsam werden kann in den eigenen vier Wänden. Bleiben also nur der Spielplatz, das »Mütter-Café«, der Senior·innen-Treff oder die Kaffeefahrt, also wiederum institutionalisierte Räume für scheinbar Gleichgesinnte. (Ganz zu schweigen von der Einsamkeit der wenigen Väter in »Mütter-Cafés«, in »Mutti-Gruppen« auf Facebook und auf Spielplätzen an Werktagen, solange Kinderbetreuung weiblich konnotiert bleibt.).

Einsamkeit, das haben sozial-psychologische und medizinische Forschungen immer wieder gezeigt, führt zu Stress und macht auf Dauer krank. In ihrer schädlichen Wirkung wird Einsamkeit verglichen mit Rauchen, Übergewicht und Bewegungsmangel. Zur gedrückten, bisweilen depressiven Grundstimmung kommen mit der Zeit oft gesundheitliche Beeinträchtigungen, die das eigentliche Problem und die Ursache noch einmal verschärfen, ein Kreislauf, dem nur schwer zu entkommen ist. Dass gerade auch junge Menschen von Einsamkeit betroffen sind, legt den Schluss nahe, dass durch Social Media zwar viele neue Kontakt- und Vernetzungsmöglichkeiten entstanden sind, frau·man sich vor allem mit besonderen Interessen und Lebenswirklichkeiten nicht mehr ganz so allein und isoliert fühlt, alle Internetaktivitäten scheinen allerdings kein dauerhafter Ersatz zu sein für ein unmittelbares Zusammentreffen von Menschen mit ungefiltertem Blick- und Körperkontakt.

Tracey Crouch, die damalige britische Staatssekretärin für Sport und Ziviles, bekam 2018 von Theresa May den Auftrag, der zunehmenden Vereinsamung der Menschen in Großbritannien entgegenzuwirken. In der Berichterstattung war vom ersten Ministerium für oder gegen Einsamkeit zu lesen. Und auch im Koalitionsvertrag von SPD und CDU 2018 ist ähnliches vorgesehen. Die Politik hat die zunehmende Einsamkeit als Problem erkannt, auch wenn offenkundig nicht immer ganz klar ist, wer sich nun darum zu kümmern habe. Mal wird das Gesundheitsministerium für zuständig erklärt, weil Einsamkeit eben gesundheitsschädlich ist, mal das Bundesfamilienministerium, das traditionell für die zwischenmenschlichen Beziehungen verantwortlich zählt. Nicht genannt werden das Wirtschaftsministerium oder die Bundeskanzlerin, dabei ist die wirtschaftspolitische Entwicklung der vergangenen Jahre eine der Hauptursachen für die Vereinzelung.

Die Begegnungsmöglichkeiten im öffentlichen Raum werden zunehmend einem kommerziellen, gastronomischen Zweck untergeordnet, Cafés sollen Bänke in der Fußgängerzone oder im Park ersetzen, die beständige Forderung nach örtlicher und zeitlicher Flexibilität auf dem Arbeitsmarkt ist bestimmend geworden, die außerfamiliäre Ganztagsbetreuung von Kindern und

Jugendlichen ebenso, die Verstädterung und die Entvölkerung ländlicher Bezirke findet weiterhin statt. Dieser zunehmenden Vereinzelung entgegenzuwirken, das Gemeinschaftsgefühl zu stärken, wäre ein erster Grundbaustein einer fürsorglichen Gesellschafts- und Wirtschaftsordnung.

Wie wir über Sorgearbeit reden

Es hat eine andere Wirkung, ob man·frau von Pflegenotstand oder von einem andauernden Fachkräftemangel in Pflegeeinrichtungen, Krankenhäusern spricht, und beim Beschreiben des Mangels vielleicht noch die Lage der Kindertagesstätten und Hebammen mit einbezieht. Das Wort Mangel ist zwar weniger prägnant als der alarmistische Notstandsbegriff, kommt aber der Wahrheit wesentlich näher. Streng genommen gibt es nämlich keinen Pflegenotstand, weil dort, wo Pflege stattfindet, Not gelindert wird, weil da in aller Regel engagiert und vorbildlich, doch eben den äußeren Umständen entsprechend gearbeitet wird. Das Problem ist also weniger die Pflege an sich, sind schon gar nicht die Pflegenden, problematisch sind die Rahmenbedingungen: die Entlohnung, die finanzielle und personelle Ausstattung, der Zeitmangel, unter denen Pflege- und Betreuungsarbeit organisiert wird. Es sind nicht die Arbeit oder die Fähigkeiten der Pflegenden, sondern die äußeren Umstände, die auf der einen Seite zu Unzufriedenheit und Überlastung und auf der anderen Seite zu unzureichender Versorgung führen. Ein Begriff wie Pflegenotstand macht aber die Pflege zum eigentlichen Problem und entbindet somit schon auf der sprachlichen Ebene Krankenkassen, die Unternehmen im Gesundheitssektor und die Politik von ihrer Verantwortung und Zuständigkeit. Dabei sind gerade sie es, die die krisenhafte Situation lösen müssten. Was sollten die Pflegenden denn noch tun? Mehr arbeiten,

besser, effektiver vielleicht? Oder gar auf Lohn verzichten? Pflegeberufe müssten »aufgewertet« werden, fordern Politiker·innen
und unternehmen sprachlich damit das genaue Gegenteil. Denn
Care-Arbeit, bezahlt und unbezahlt, braucht keine Aufwertung,
sie hat ihren unschätzbaren, in ihrem ganzen Umfang nicht fi-
nanzierbaren Wert.

Doch wer keiner Lohnarbeit nachgeht, sei »arbeitslos«, stem-
peln wir in Lebensläufe und auf Formulare – wie absurd diese
Behauptung ist, wissen alle, die sich um eine Familie kümmern,
die kochen, putzen, aufräumen, einkaufen, Verantwortung tragen für Kinder oder pflegebedürftige Angehörige. »Ich arbeite
nicht«, ist auch die Formulierung, die Menschen wählen, um
auszudrücken, dass sie sich entschieden haben, entscheiden
mussten, sich (vorübergehend) um die eigenen Kinder oder Eltern zu kümmern. Wie kommen wir nur darauf, dass das keine
Arbeit sei?

Sprache bestimmt und strukturiert unser Denken, lenkt unsere Assoziationen und Gefühle. Und es ist die Aufgabe der politischen Berichterstattung, Formulierungen zu finden, die einen
Sachverhalt möglichst wahrheitsgetreu wiedergeben und die
nicht einseitig, verkürzt, manipulativ wirken, etwa, indem sie
die eigentliche Verantwortung für Missstände wieder einmal
weg von den Strukturen und hin zu den betroffenen Menschen
verlagern. Wie bewusst das jedem Einzelnen ist, sei dahingestellt,
Begriffe wie ›Pflegenotstand‹ oder ›Arbeitslose‹ tragen jedoch
mit dazu bei, die bestehenden, mangelhaften Verhältnisse zu verfestigen.

Auch auf anderer Ebene, also bei der inhaltlichen Zusammen-
stellung und Gestaltung einer Zeitung, in den audiovisuellen

Medien, wenn es um die Auswahl und Gewichtung von Themen geht, wiederholt sich dieselbe inhaltliche Verkürzung wie auf der Begriffsebene: Wenn überhaupt über Care-Arbeit und Fürsorge berichtet wird, dann von Krisen und Notstand. Der konstruktive Journalismus, der auch die ermutigenden, berührenden Geschichten erzählt, jene, die Auswege aufzeigen, die Mut machen, Menschen ansprechen könnten, selbst in der Pflege zu arbeiten, als Hebamme oder als Erzieher·in, diese Geschichten bekommen nur selten Raum in den Medien und das seit Jahrzehnten. Infolgedessen entwickelte sich allmählich die Vorstellung, dass Pflege oder die Unterstützung von Menschen mit Behinderung schwierige, krisenbehaftete Lebens- und Arbeitsbereiche sind, die man·frau sich lieber nicht antut, schon gar nicht angesichts der geringen Entlohnung. Und, ja, die Bezahlung ist unangemessen, intolerabel schlecht, gerade in Anbetracht der Verantwortung und Komplexität der Aufgaben, die tägliche Leistung in der Pflege wird trotz dem permanenten Gerede von Leistungsträgerschaft nicht gewürdigt. Ja, es gibt Branchen, auch männlich dominierte Berufsfelder, in denen durchschnittlich noch weniger verdient wird. Aber Entlohnung allein kann und sollte nicht angeführt werden, wenn Pflegearbeit beurteilt wird.

Fürsorgliche Kommunikation

Es gibt im Deutschen keine Entsprechung zum umfassenden englischen Begriff ›care‹. Aber vielleicht braucht es auch keine passenden oder neuen Begriffe, sondern vielmehr ein wertschätzendes Narrativ, eine andere Haltung dazu, wie über dieses Thema gesprochen wird.

Eine kommunikative Handlung beinhaltet immer auch eine Selbstaussage, und damit stellen sich die Fragen: Wie möchte ich eigentlich wirken und von anderen Menschen wahrgenommen werden? Wie bringe ich mich ein?

Für den Themenbereich Fürsorge bedeutet das:

- Die Vorstellung, Sorgearbeit sei eine private Entscheidung und Angelegenheit, ist eine der Hauptursachen dieser mangelnden Wertschätzung und ungleichen Verteilung von Care-Arbeit.

- Durch die Trennung der Sphären ›privat‹ und ›öffentlich‹ mit der akzeptierten Priorität auf Produktivität und Beruf wird das Familienleben mit seinen Fürsorgepflichten zum Problem, Unternehmen und Politik werden zugleich ihrer Verantwortung entbunden.

- Der Fokus auf die zeitliche Ungleichverteilung der Sorgearbeit unterschlägt die eigentliche Belastung, die Bürde der Verantwortung (›Mental Load‹).

- Eine verbreitete Ignoranz führt dazu, dass die einzelnen Aspekte und Leistungen von Sorgearbeit oft unsichtbar bleiben.

Wie jedoch soll ein wertschätzender Dialog stattfinden, wenn über die Grundlagen und das eigentliche Thema keine Übereinkunft herrscht?

Frau·man kann sich nun dem herrschenden Diskurs anschließen und damit die bestehenden Verhältnisse akzeptieren und reproduzieren oder aber versuchen, die Kommunikationsmuster zu durchbrechen in der Überzeugung, dass im Sprechen schon ein erster Schlüssel zur Lösung steckt.

Das gilt nicht nur für das private Reden, die Berichterstattung in Medien und Politik, das gilt insbesondere auch für fiktionale Erzählungen. Es muss ja nicht gleich die fürsorgliche Utopie sein, doch das konsequente Ausklammern von Care-Arbeit und Selbstsorge, vor allem in Filmen und Serien, hat Einfluss auf unser Weltbild: Fürsorge ist offensichtlich das, worüber man nicht spricht, etwas, das zu unwichtig ist für die Entwicklung einer Figur, zu banal für den Fortlauf einer Geschichte. Das mag in Anbetracht der Kürze von Filmen dramaturgisch sinnvoll sein, für Kinder, insbesondere für Jungen, bedeutet es einmal mehr, dass ihnen keine Vorbilder, Identifikationsmöglichkeiten und Anknüpfungspunkte im Care-Bereich angeboten werden. Und wenn sie daheim zugleich keine Care-Arbeit erleben, wird es für sie schwierig, eine eigene Vorstellung davon zu entwickeln, sich selbst dazu in Bezug zu setzen.

Auf einer allgemeineren Ebene bedeutet fürsorgliche Kommunikation, sich Gedanken zu machen über das eigene Sprechen, über die Wirkung von Begriffen, Vergleichen und Argumentationsstrategien auf andere Menschen: inhaltlich, stilistisch und dramaturgisch. Wann spricht wer worüber wie und mit wem? Und wer hört vielleicht noch mit, auch wenn eine Aussage gar nicht an sie oder ihn gerichtet ist.

Das generische Maskulinum, also die Verwendung der männlichen Form vor allem in der Pluralbildung und direkten Ansprache, sehr geehrte Leser, schließt Frauen aus, sie werden nicht mitgedacht und fühlen sich auch nicht mitgemeint. Es ist kein feministisches Bauchgefühl, sondern durch neurowissenschaftliche Untersuchungen längst nachgewiesen. Untersucht man Proband·innen in einem Magnetresonanztomographen (MRT) ergibt sich ein eindeutiger Befund: »Die Pfleger überquerten die Straße ... eine der Frauen drehte sich um.« – bei dieser Fortsetzung des Satzes werden Gehirnareale aktiv, die eine Fehlermeldung signalisieren. Dieser Satz wird also als fehlerhaft wahrgenommen, weil man·frau bei »die Pfleger« sich eben keine Pflegerinnen (oder Frauen) vorstellt, sondern eine reine Männergruppe, zum selben Ergebnis führen Studien übrigens auch in Sprachen, die keine Genusmarkierung kennen, etwa im Englischen. Doch im Deutschen gibt es nun mal diese eindeutige Genusmarkierung, das heißt, frau·man kann hier selbst und gezielt Einfluss nehmen, kann zeigen, dass Frauen nicht nur mitgemeint sind, sondern auch mitgedacht werden.

Da es kein Gesetz gibt, das ein bestimmtes (Sprach-)Verhalten vorschreibt, ist es eine rein persönliche Entscheidung und Selbstaussage, ob frau·man andere sprachliche Lösungen findet, die Beidnennung zum Beispiel, »Leserinnen und Leser«, oder den Gender-Gap als kleine Pause zwischen Wortstamm »Leser« und Endung »innen« und damit zum Ausdruck bringt, dass es nicht nur zwei Geschlechter gibt, sondern auch Leser·innen, die sich nicht einordnen können oder wollen in dieses vorgegebene binäre System. Es gibt auch gute Argumente für ein generisches Femininum, weil in der weiblichen Form die männliche offensichtlich immer enthalten ist, nämlich Leser im Wort Leserinnen. Der hier in diesem Buch verwendete dicke Mittepunkt hat den Vorteil, dass er von einigen Vorleseprogrammen für Menschen mit eingeschränktem Sehvermögen tatsächlich als kleine Sprechpause gelesen wird, während Genderstern oder Unterstrich unter Umständen auch als »Stern« oder »Unterstrich« verbalisiert werden.

Wem fällt es aus welchen Gründen schwer, auf Begriffe zu verzichten, durch die sich andere Menschen diskriminiert und ausgegrenzt fühlen? Wobei es keine Rolle spielt, ob der·die Angesprochene nachempfinden kann, wie es eigentlich gemeint sein sollte. Warum nicht direkt möglichst diskriminierungsfrei sprechen? Worte wie Geflüchtete statt Flüchtling, Menschen mit Behinderung anstelle von Behinderten, alte oder kranke Menschen statt Alte und Kranke. Auf inhaltlicher Ebene heißt dies: Worüber wird gesprochen und was wird verschwiegen? Wer darf, wer muss worüber sprechen? Wer spricht wie viel, gibt Themen vor, und wer hat das Privileg, bestimmte Themen auszuklammern, einfach so und ohne sich rechtfertigen zu müssen? Warum werden Menschen mit sichtbarer Migrationsgeschichte gefragt, woher sie denn eigentlich kommen, während andere sich darüber keine Gedanken machen müssen, weil sie als ›normal‹ akzeptiert werden, durch Äußerlichkeiten nicht »den Anderen« zugeordnet werden?

Fürsorgliche Kommunikation heißt zunächst, sich bewusst zu machen, dass und wo das alltägliche und gewohnte Sprechen inhaltlich und/oder strukturell ausgrenzend, diskriminierend wirkt, dass sich auch in der Sprache die gesellschaftlichen Machtverhältnisse manifestieren. Sprache ist zudem im Fluss, und dieser fortlaufende Verwandlungsprozess kann von Einzelnen mitgestaltet werden, insbesondere mit Blick auf die nachfolgenden Generationen. Die könnten eine diskriminierungsärmere Sprache ganz selbstverständlich lernen, wenn Erwachsene sich die Mühe machen, ihre eigenen Denkmuster zu durchbrechen, und nicht an alten Gewohnheiten festhalten, weil alles andere »zu umständlich« sei, wo es doch nur ungewohnt ist. Im Zusammenspiel der Generationen lassen sich so vielleicht Möglichkeiten und Wege des Ausdrucks entwickeln, für die wir heute noch keine Lösung haben, neue Begriffe, neue Pronomen, neue grammatikalische Strukturen.

Fürsorgliche Kommunikation in den Medien

Sprache bildet die Realität ab (Reproduktion) und schafft zugleich eine neue Wirklichkeit (Produktion). Das gilt insbesondere für breitenwirksame Verlautbarungen in der Öffentlichkeit, in den Medien, in Filmen und in der Werbung. Dokumentarisches und fiktionales Erzählen sind Teil eines vielfältigen sprachlichen Beziehungsgeflechts, und die allgemeinen Fragen zur Kommunikation gewinnen hier an Brisanz: Wofür zieht frau·man los, schreibt, fotografiert, filmt (malt oder macht Musik)? Welchen Sinn und Zweck verfolgt die Kritik, wofür steht das eigene Erzählen? Und wie soll die Welt eigentlich konkret aussehen, auf die man·frau hinschreibt? Wenn dieses Ziel nicht klar und nicht klar formuliert ist, verliert sich die Kritik in der selbstgefälligen Attitüde und verfestigt letztlich die bestehenden Verhältnisse.

Die Vision einer besseren Gesellschaft lässt sich nicht durch kritische Distanz erreichen, sondern nur durch fürsorgliches Handeln. Der kritische Blick von außen auf die Verhältnisse ist unerlässlich für klare Beschreibung und Analyse der bestehenden Verhältnisse und als Voraussetzung für konkretes Handeln. Die Aktion anderen überlassen zu wollen, sie trotzdem anzuhalten, was auch immer sie tun, anders und besser zu machen, ist eine der vielen kommunikativen Sackgassen, die zu einer Entfremdung von Medium und Publikum geführt hat.

Fürsorglicher Journalismus heißt, sich der eigenen gesellschaftlichen Rolle bewusst zu sein, heißt, vorausschauend zu publizieren, die eigenen Ziele zu kennen und diese auch offenzulegen. Vorausschauend schreiben heißt, sich vor Augen zu führen, welche Wirkung der eigene Beitrag erzeugen wird beim Publikum. Wen möchte ich eigentlich ansprechen? Fürsorglichkeit zum Maßstab zu machen für das eigene Schreiben, bedeutet, vorher zu überlegen, ob sich Menschen verletzt, ausgegrenzt fühlen könnten, und wenn ja, ob das unbedingt sein muss. Fürsorglichkeit heißt, sich nicht über die eigenen Leser·innen und Hörer·innen zu erheben, sondern Interesse zu zeigen an einem wirklichen Dialog.

Die Berichterstattung der vergangenen Jahre über Donald Trump, Boris Johnson und die Allpräsenz der AfD in Polit-Talks und der alltäglichen Berichterstattung mit der einhergehenden wiederkehrenden Reproduktion ihrer Behauptungen und Beleidigungen, ihren menschenfeindlichen Aussagen, all ihren -ismen – ist keine Form der Darstellung, die einem höheren Ziel folgte, die, nur zum Beispiel, den Zusammenhalt der Gesellschaft stärken könnte. Keine, in der eine klare Haltung sichtbar wird. Oder ging es um die Quote, um Verkaufszahlen? Und was ist der Erfolg? All die sicher wohlgemeinte Kritik ging ins Leere, weil sich in der Summe keine eigene Haltung zeigte, man·frau sich nur am Narrativ der Neurechten abarbeitete, ohne dagegen ein eigenes, positives Narrativ zu etablieren. Wer negativ über die AfD schreibt, schreibt dennoch vor allem über die AfD.

Übertragen auf die Werbeindustrie: Möglicherweise sind Anzeigen, die Alkohol und Fleisch für Männer bewerben, in denen sie aber im Haushalt als unfähig dargestellt werden, auf den ersten Blick ja erfolgreich. Und vielleicht ist es kurzfristig verkaufsfördernd, Frauen in Werbespots auf Schönheit, Diät und ihre häusliche Rolle zu beschränken. Mit Blick auf einen längerfristigen Erfolg des eigenen Unternehmens scheint diese Strategie allerdings kontraproduktiv: Woher sollen die selbstbewussten, technik-interessierten, durchsetzungsfähigen jungen Frauen denn kommen, die sich so viele Unternehmen als Mitarbeiterinnen wünschen, wenn sie davor nicht ins Bild gesetzt werden, wenn sie nicht mit ihren besonderen Fähigkeiten und Qualitäten angesprochen werden? Und Jungen, wie sollen sie einen persönlichen Bezug zur Sorgearbeit bekommen, wenn ihnen Männer in Care-Situationen immer wieder als untypische, linkische Außenseiter vorgestellt werden?

Und im Spielfilm? Ist es für den gesellschaftlichen Zusammenhalt wirklich eine gute Idee, dass Frauen in Filmen so selten zu Wort kommen und die Hauptrolle spielen dürfen, dass so vielen Bösewichten ihre Migrationsgeschichte so deutlich ins Gesicht geschrieben ist? Wollen wir wirklich gelten lassen, dass Filme für gesellschaftliche Analysen nun einmal zu kurz seien und sowieso nicht das richtige Genre? Filme und Fernsehserien sind Teil dieser Gesellschaft. Und bei ihrer großen Reichweite lässt sich die soziale Verantwortung nicht zurückweisen. Also: Welchen Beitrag liefern Medien, insbesondere Werbung und Spielfilm, zum Gelingen dieser Gesellschaft? Was setzen sie der zunehmenden Spaltung entgegen?

Blickkontakt statt Rechthaberei

Angefangen beim eigenen Sprechen über Posts in Kommentar-
spalten oder den sozialen Netzwerken bis hin zu öffentlichen Verlautbarungen in Politik und Medien – was ist das Ziel einer kommunikativen Handlung? Und besteht eine reelle Chance, dass
dieses Ziel auch erreicht werden kann? Wenn ja, welche sprachlichen Mittel, Argumente, welcher Tonfall mögen dafür am besten
geeignet sein? Und würde ich, was ich gerade im Begriff bin zu
posten, eigentlich einer betroffenen Person auch direkt so ins Gesicht sagen? Auch vor einem kritischen Publikum?

Fürsorgliche Kommunikation bedeutet, das Gegenüber in den
Mittelpunkt zu stellen und als Person und Mensch wichtig zu
nehmen, Augenhöhe zu suchen. Es geht um Rücksichtnahme
auf die Befindlichkeiten anderer und um eine vorausschauende
Abschätzung, welche Folgen eine Aussage wohl haben wird, für
beide Seiten. Kein »Das wird man doch wohl noch sagen dürfen, und jetzt sei gefälligst still«, sondern eine Einladung zu einer
Antwort geben, ein ernst gemeintes Gesprächsangebot machen.
Kommunikation ist keine Einbahnstraße, und entscheidend ist
letztlich nicht, was jemand sagt, sondern wie es beim Gegenüber
ankommt. Und wenn ich mich missverstanden fühle, ist nicht
automatisch das Gegenüber schuld, es wäre vielmehr an der Zeit,
sich zu erklären, nachzufragen, vielleicht gemeinsame Bezugs-
punkte zu finden. Eine Voraussetzung dafür ist die Übereinkunft, im Gegenüber nicht die Unterschiede sehen zu wollen,
sondern die Gemeinsamkeiten zu erkennen, also das, was uns
verbindet, nicht das, was uns trennt.

Kommunikation ist eine Beziehung, ein Aushandlungsprozess, bei dem es oft, vielleicht zu oft um die Definitionsmacht geht, zu bestimmen, wie etwas war, ist oder werden soll – und dann geht es nur noch ums Rechthaben. Fürsorgliche Kommunikation dagegen blickt nach vorne, in die Zukunft: Wie können wir so miteinander umgehen und sprechen, dass wir auch morgen und übermorgen noch miteinander zu tun haben wollen, dass eine Beziehung entstehen und sich entwickeln kann? Das ist keine Absage an Streit und Auseinandersetzung, sondern ein Plädoyer dafür, sprachliche Gräben zuzuschütten anstatt Brücken einzureißen.

Amnesty International hat in einem (Film-)Projekt vorgeführt, wie das funktionieren könnte. Vier Minuten lang sollten sich zwei jeweils ganz unterschiedliche Menschen, die sich nicht kennen, in die Augen sehen. Sie sind arm, reich, geflüchtet, christlich, muslimisch, Frau·, Mann·, alt und jung. Die Idee geht zurück auf den US-amerikanischen Psychologen Arthur Aron, der einen ähnlichen Versuch bereits in den späten 1960er Jahren mit seinen Studierenden durchgeführt hatte. Im Film kann man mitverfolgen, wie sich in dieser kurzen Zeit die jeweilige Beziehung ändert von anfänglicher Zurückhaltung und Skepsis hin zu plötzlichem Interesse und ehrlicher Anteilnahme, obwohl nicht gesprochen wird. Wie auf den Augenkontakt erste körperliche Berührungen folgen, wie sich eine Verbindung aufbaut, die diese beiden Menschen fast schon wieder überfordert.

Es ist der Blickkontakt, über den sich diese tiefe Verbindung aufbaut und der in so vielen Situationen des Lebens nicht mehr möglich oder in Vergessenheit geraten ist. Wir erkennen uns wieder im Blick unseres Gegenübers und umgekehrt, Spiegelneuronen verstärken diesen Prozess, wir empfinden die Gefühle der anderen Person nach, bemerken, was sie gerade beschäftigt, und schwingen uns umgekehrt aufeinander ein, Empathie entsteht.

In wie vielen Situationen des Alltags, gerade auch im Berufsleben, spielt dieser direkte Blickkontakt keine Rolle mehr, durch Digitalisierung, (gemeinsamen) Medienkonsum. Wenn ein Unternehmen aus Gründen der Gewinnmaximierung oder aus tatsächlicher wirtschaftlicher Not heraus beschließt, in großer Zahl Beschäftigte zu entlassen, dann geschieht dies auf einer Hierarchieebene, die keinen persönlichen Bezug mehr hat zu den Betroffenen. Die Entlassung von Menschen ist in einem solchen Fall auch nur einer der vielen Klicks, die frau·man Tag für Tag mit der Computermaus ausführt. Die konkrete Umsetzung müssen dann andere übernehmen, solche, die keinen Einfluss hatten auf die Entscheidung. Und was innerhalb eines Unternehmens gilt, gilt auch für die Handelsbeziehungen auf dem Weltmarkt. Mit der Auslagerung der Produktion wird in der Regel auch die soziale und ökologische Verantwortung ausgelagert, für Umweltschutz und für die Arbeitsbedingungen der Beschäftigten. Es fehlt der persönliche Bezug, der Blickkontakt, der die virtuellen und damit unpersönlichen Entscheidungen am Bildschirm verortet, der nachvollziehbar machen würde, welche Reaktionen und Gefühle eine Entscheidung hervorruft. Und ähnlich wie beim Sprechen gilt auch hier die Frage: Würde ich genauso handeln, wenn ich diese Entscheidung den Betroffenen ins Gesicht mitteilen und rechtfertigen müsste? Oder gibt es nicht vielleicht doch Alternativen, sozial verträglichere? Entscheidungen sind schnell getroffen im eigenen Büro, am Bildschirm, nur ein Klick.

»Unterhaltungsindustrie ist in jedem Wortsinn Missbrauch von Heeresgerät«, schrieb der Medientheoretiker Friedrich Kittler 1986 in seinem Buch »Grammophon Film Typewriter«. Schon zuvor und vor allem aber nach diesem Werk wurden die (erzähl-)technischen und historischen Verbindungen von Militär und Computerspielbranche immer wieder aufgezeigt. Der Krieg der Zukunft, die Bedienung von Drohnen, der Abschuss von Raketen hat sehr viel mehr mit Computerspielen zu tun als mit den Bildern, die sich durch den Zweiten Weltkrieg, Vietnam oder andere konventionelle Kriege im kollektiven Unterbewusstsein festgeschrieben haben. Und was der Ego-Shooter für das Militär ist, sind Simulationsspiele für die Wirtschaft. Spiel und Wirklichkeit nähern sich einander immer weiter an, sie finden am selben Bildschirm statt und sind damit in der Erinnerung immer schwerer zu unterscheiden – und gleichzeitig werden die Folgen, die eine Entscheidung für einzelne Menschen hat, zusehends aus dem Blick ins Unsichtbare gedrängt.

Auf der einen Seite bieten soziale Medien und die weltumfassende Digitalisierung die Möglichkeit, sich mit Gleichgesinnten, mit Menschen aus fernen Ländern zu vernetzen, Bekanntschaften zu schließen, zusammen zu finden. Auf der anderen Seite birgt die zunehmende Virtualisierung von Kommunikation die Gefahr, dass der persönliche Kontakt verloren geht, Schrift statt gesprochener Sprache, Bildschirm statt Augenkontakt. Und auch hier gilt: Mehr noch als wir alle sind die Unternehmen in die Pflicht zu nehmen, die ihre Gewinne daraus ziehen und Anreize dafür schaffen, dass möglichst viele Menschen nur noch über ihre Netzwerke kommunizieren. Es geht nicht nur darum, diese neue Kommunikationsform zu erlernen, es geht auch darum, die notwendigen Tools bereitzustellen gegen eine zunehmende Enthemmung im medialen Umgang miteinander.

Es ist ein wiederkehrendes Prinzip, dass es Unternehmen gestattet wird, zum Teil immense Gewinne zu machen, ohne die soziale und ökologische Verträglichkeit ihrer Produkte und Angebote sicher stellen zu müssen. Und dabei geht es noch nicht einmal um Steuertricks. Die Gewinne werden individualisiert, die Gefahren sozialisiert. Und das wird möglich sein, solange ökologische Folgekosten und der eigentliche Wert von Care-Arbeit ausgeklammert bleiben aus den wirtschaftlichen Berechnungen. Es wird so lange möglich bleiben, solange sich Unternehmen von ihrer sozialen, gesellschaftlichen Verantwortung freikaufen können.

Teilen und Herrschen – die Aufspaltung der Gesellschaft

In ihrer » Theorie der sozialen Identität« haben Henri Tajfel und John C. Turner 1967 beschrieben, was passiert, wenn Menschen in zwei Gruppen aufgeteilt werden. Und seither konnten in zahlreichen Studien zum sogenannten Minimalgruppenparadigma die Grundannahmen von Tajfel und Turner immer wieder bestätigt werden. Mal wird die Gruppe nach dem Zufallsprinzip geteilt, nach Kopf oder Zahl oder durch ein Absperrband, mal wird eine oberflächliche Begründung vorgeschoben, unterschiedlicher Musikgeschmack zum Beispiel.

Und egal, wie die Gruppen unterteilt wurden, die darauf folgenden sozial-psychologischen Prozesse laufen stets ähnlich ab: Wenn diese beiden neuen Teilgruppen einige Zeit miteinander verbringen, sich kennenlernen, gemeinsam Aufgaben lösen müssen, entwickelt sich allmählich erstens ein Wir-Gefühl, das immer stärker wird, eine Eigengruppe, die sich zweitens abgrenzen möchte von den anderen, der sogenannten Fremdgruppe, und umgekehrt natürlich auch. Das hat drittens zur unmittelbaren Folge, dass die Ergebnisse und Leistungen der eigenen Gruppenmitglieder besser bewertet, die Missgeschicke und Fehler der Fremdgruppe strenger sanktioniert werden. Je mehr Zeit frau· man in der eigenen Gruppe verbringt, desto vertrauter fühlt sich das an, und, vierte Folge, desto mehr scheinen sich die Mitglieder der Fremdgruppe von den eigenen zu unterscheiden, und umso ähnlicher wirken sie untereinander in ihren Ansichten und Interessen. Aus der Ferne der »Eigengruppe« betrachtet steigt die Tendenz, »die Anderen« alle über einen Kamm zu scheren, sehen sie doch auch alle irgendwie gleich aus, die Fußballfans, die Homosexuellen, die Menschen aus Südostasien, die, die Hartz IV beziehen, die älteren Menschen, die am Kneipenstammtisch ... Schublade auf, Vorurteil bereit!

Und auch wenn man·frau selbst das Gefühl hat, dass sich die eigene Gruppe aus Individuen und starken Persönlichkeiten zusammensetzt, die ihre ganz eigenen Meinungen haben und vertreten können – man·frau kennt sich schließlich –, wird der Anpassungsdruck schon nach ganz kurzer Zeit überraschend groß. Daher konnte in den Untersuchungen als fünfte Folge immer wieder gezeigt werden, wie sich die Meinungen der einzelnen Mitglieder im Lauf des Beobachtungszeitraums verändern und dem Gruppenkonsens annähern. Nicht nur die eigene Meinung schleift sich ein, auch die Interessen wandeln sich mit der Zeit. Nichts ist menschlicher: Wir wollen dazugehören und passen uns an, gliedern uns ein, werden also tatsächlich gleicher in einer Gruppe, auch wenn uns das nur selten bewusst wird. Und das gilt insbesondere für Kinder, die sich noch entwickeln, die Regeln der Erwachsenenwelt erst noch verstehen lernen müssen.

Obwohl oder gerade, weil diese psycho-sozialen Effekte seit den 1970er Jahren bekannt sind, setzen Filmindustrie, die Literatur, Computerspiele, Werbung, Medien und zunehmend auch die Politik auf diese Gruppentrennung: Hier sind wir, dort die anderen. Wer sind die Guten in Filmen und Medienberichten, und wie sehen die Bösen aus, die unsere Freiheit gefährden? Was macht, wenn es nach der Werbung geht, einen ›echten‹ Mann aus und was eine ›richtige‹ Frau? Aber auch die sozialen Netzwerke und die Logik der Algorithmen setzen auf diese Unterteilung in Gruppen, die in ihren Filterblasen und Echokammern beständig in ihrer Meinung und in ihrem Zusammenhalt bestärkt werden und andere Gruppen und Menschen nur noch durch den Grauschleier der eigenen verzerrten Wahrnehmung beurteilen können.

In der politischen Theorie heißt dieses Prinzip ›divide et impera‹ – teile und herrsche. Es geht davon aus, dass es sich einfacher regieren lässt, wenn man das Volk in Untergruppen aufspaltet, die zueinander in Konkurrenz stehen, gegeneinander kämpfen und darüber den Blick für das große Ganze verlieren, den eigentlichen Gegner. In der Informatik dagegen bedeutet das Teile-und-Herrsche-Verfahren, dass ein komplexes Problem aufgedröselt wird in viele kleine Teilprobleme, die sich jeweils einfacher lösen lassen. Aus den Teillösungen sollte sich dann eine Lösung für das Gesamtproblem entwickeln lassen.

Im Care-Bereich greifen diese beiden Prinzipien ineinander und verstärken sich gegenseitig. Eine komplexe Fragestellung – » Wie lässt sich Sorgearbeit organisieren heute und für die Zukunft, so dass sie für alle Beteiligten und Betroffenen machbar, sinnvoll und finanzierbar ist?« – wird in viele Einzelaspekte unterteilt, zunächst ein durchaus nachvollziehbarer Ansatz. Nur sind von den einzelnen Care-Bereichen jeweils unterschiedliche Menschen betroffen, was zwangsläufig dazu führt, dass diese Untergruppen zueinander in Konkurrenz geraten und gegeneinander ausgespielt werden können. Es werden Konkurrenzpaare gebildet wie: pflegende Angehörige oder professionell Pflegende, ambulant oder in einer Einrichtung Gepflegte, bessere Ausbildungsmöglichkeiten oder Import von Fachkräften, Ärzt·innenschaft oder Pflegepersonal, klinische Geburtsbegleitung oder Geburtshaus, Erziehungsarbeit in Kindertagesstätten oder zuhause, »echte« Arbeit oder häusliche Arbeit, die Aufteilung der Familienarbeit zwischen Frauen und Männern, Psyche gegen Physis und so weiter.

Teile und herrsche – was für die Entwicklung effizienter Algorithmen ein sinnvolles Verfahren sein mag, führt im Care-Bereich nicht zu überzeugenden Lösungen, im Gegenteil, die Teillösungen widersprechen einander, ein notwendiger Fortschritt im einen Bereich führt zu einer bisweilen untragbaren Verschlechterung in einem anderen und trägt eben nicht zu einer Gesamtlösung bei. Und diese vielen unterschiedlichen Gruppen und Teilinteressen führen oft dazu, dass sich der·die Einzelne mit vermeintlich gutem Gewissen zurücklehnen und die Zuständigkeit, Verantwortung oder gar Schuld bei den anderen sehen kann und dabei den eigenen Gestaltungsspielraum und Einfluss auf die Vorgänge vergisst. Diese Gruppentrennung führt dazu, dass Unterschiede betont werden und die Gemeinsamkeiten aus dem Blick geraten.

Führung ist Pflege

Care im engeren Sinn ist immer auch ein Beziehungsverhältnis zwischen Menschen, das oft hierarchisch geprägt ist. Besonders deutlich vielleicht beim Säugling: Er ist ohne seine Eltern oder andere Erwachsene, die sich kümmern, nicht überlebensfähig. In eine ähnlich hierarchische Abhängigkeit gerät jede Person, die im Alltag auf die Unterstützung durch andere angewiesen ist. Diese Abhängigkeit kann situativ sein, zeitlich begrenzt, aber auch vollständig und andauernd. Je länger es anhält, umso wichtiger ist es, dass dieses Abhängigkeitsverhältnis so gestaltet wird, dass es die Beziehung nicht überlastet und deshalb vielleicht zu ihrem Abbruch führt.

Bei den eigenen Kindern stellt sich diese Frage in der Regel nicht. Ganz selbstverständlich nehmen Eltern diese Verantwortung an, stellen ihre eigenen Bedürfnisse und Wünsche zurück und kümmern sich, zumal sich diese grundsätzliche und unabwendbare Abhängigkeit allmählich und in den meisten Fällen von selbst herauswächst. Mit Hilfe der Eltern lernt das Kind, sich selbstständiger in der Welt zu bewegen und zurecht zu finden. Für das Kind ohnehin, aber auch für die Eltern sind diese kleinen, steten Entwicklungsschritte hin zu weitestgehender Selbstständigkeit ein Grund zu Freude und Zufriedenheit, das Ziel der eigenen Bemühungen ist klar, der Fortschritt die Belohnung.

Diese anfängliche Hierarchie aufzulösen in eine Beziehung auf Augenhöhe ist eine der wesentlichen Aufgaben in der Erziehungsarbeit. Gerade im Verhältnis zu den eigenen Eltern und Bezugspersonen erfahren und erproben Kinder diese komplexen Aushandlungsprozesse zwischen Individuum und Gesellschaft. Das Streben nach Autonomie und Selbstständigkeit, Kompromisse und einseitige Abhängigkeiten prägen die Beziehungen auch später in Schule und Studium, im Berufsleben: Welches Verhalten wird belohnt, ermutigt, was muss frau·man tun, um Erfolg zu haben, wie viel Eigenständigkeit ist möglich, wie viel Anpassung notwendig?

Und nach der Kindheit, wenn dieses Hineinwachsen in die Gesellschaft nicht mehr gegeben ist als Grund zur Freude? Wenn es stattdessen um den Erhalt von rudimentärer Selbstständigkeit geht, wenn Lebenserhaltung das letzte Ziel ist? Für viele sorgende Menschen stellt sich immer aufs Neue die Frage, wie sich die Notwendigkeit von Betreuung und Pflege vereinbaren lässt mit den eigenen Wünschen und Lebenszielen. Handelt frau·man aus bloßem Pflichtbewusstsein, weil es irgendjemand eben machen muss? Was zieht frau·man persönlich aus dieser Care-Beziehung an Bestätigung, Dank, Freude, Zufriedenheit, auch finanziellem Ausgleich? Und steht das im Verhältnis zu dem, was frau·man selbst einbringen muss?

Das Gefühl, abhängig zu sein, nicht (mehr) selbst für sich sorgen zu können, führt oft zu Frustration und bisweilen Aggression, unter der dann auch die sorgenden Menschen zu leiden haben. Die Verantwortung und Schuld an dieser misslichen Lage wird unter Umständen auf andere übertragen, externalisiert, anstatt sich mit den eigenen Ängsten, mit Alter, Pflegebedürftigkeit, Krankheit und Tod auseinanderzusetzen. Auch ist das Wissen, dass jemand von einem selbst abhängig ist, eine große Bürde und emotionale Belastung, das wiederum schränkt die persönliche Freiheit ein. In dieser Situation ist es schwierig, kein schlechtes Gewissen zu haben, ein Gefühl, das insbesondere Frauen schon ganz früh in der Sozialisation mitgegeben wird und das es vielen schwer macht, sich selbst zu schützen, ›Nein‹ zu sagen, Hilfe auch mal zu verweigern, um eigene Grenzen zu wahren.

Eine fürsorgliche Beziehung kann sich nur dann entwickeln, wenn die Abhängigkeit und Hierarchie nicht absolut werden, sondern auf anderen Beziehungsebenen ein Ausgleich stattfindet.

Wie also gehen wir damit um, dass es für viele so selbstverständlich ist, umsorgt zu werden, dass sie diese Abhängigkeit nicht mehr spüren? Weil sie der Meinung sind, es verdient zu haben, da sie sich um die wichtigen Probleme dieser Welt(wirtschaft) und Gesellschaft kümmern?

Ideale statt Machbarkeitsstudien

In den aktuellen Debatten wird Care-Arbeit von der Machbarkeit her betrachtet und definiert: Wie viel Sorgearbeit leisten Menschen privat, beruflich und im Ehrenamt? Die Zahlen und Schätzungen bilden dann die Grundlage für die Berechnung des eigentlichen volkswirtschaftlichen Wertes von Care-Arbeit. Doch ist das momentan überhaupt ein idealer Zustand? Wo fast jede Woche in der Zeitung zu lesen ist von der Personalkrise in Krankenhäusern und Pflegeheimen, von Arbeitsüberlastung bei gleichzeitig unzureichender Versorgung der zu Pflegenden, von zu wenigen freien Hebammen, die zu wenig Geld verdienen, um dauerhaft die steigenden Prämien für ihre Berufshaftpflichtversicherung bezahlen zu können, von nicht ausreichenden Kindertagesstätten- und Hortplätzen, von Unterrichtsausfällen, weil es nicht genügend Lehrer·innen für die Grundschulen gibt, von Eltern, vor allem Müttern, die über die Doppelbelastung aus Beruf und Familie klagen und so weiter.

Wäre es nicht an der Zeit, einen tatsächlichen Bedarf an Care-Arbeit zu erheben? Was wäre noch akzeptabel, und was ist wünschenswert? Und dann zu überlegen, wie sich die Arbeit organisieren, fair verteilen und finanzieren lässt? Und wie lauten dann die Prognosen für eine alternde Gesellschaft?

Ein Neugeborenes braucht in den ersten Tagen und Wochen eine Rund-um-die-Uhr-Betreuung. Und auch wenn das Kind in dieser ersten Lebensphase noch viel schläft, die betreuende Person – hoffentlich sind es zumindest zwei – ist in ständiger Rufbereitschaft und muss jederzeit verfügbar sein. Die arbeitsrechtliche Beurteilung ist da eindeutig und die eigentliche Arbeitszeit 24 Stunden an 7 Tagen in der Woche.

Mit den Jahren wird das Kind immer selbstständiger und braucht die Eltern entsprechend seltener. Der Betreuungsbedarf wird allmählich kleiner, das Netz grobmaschiger. Angefangen in der Familie über Tageseltern, Erzieher·innen in U3-Gruppen und Regel-Kindertagesstätten, Grundschulen, Vereinen, Jugendgruppen und später den weiterführenden Schulen – doch auch externe Betreuung bedeutet, dass da Menschen sind, die sich um das Kind kümmern.

Ab wann ist ein Kind in der Lage, für sich selbst zu sorgen, rein praktisch und finanziell? Wann ist ein Mensch so eigenständig, dass sie·er notwendige Care-Aufgaben selbst erledigen kann?

Diese Fragen sind schon wieder verkürzt formuliert, da sie Unabhängigkeit von körpernaher Care-Arbeit als Norm voraussetzen, da sie Pflegebedürftigkeit als Abweichung separat behandeln und da sie ignorieren, dass in diesem System der Arbeitsteilung und Effizienz überall und immer wieder Care-Arbeit geleistet wird, auch wenn es nicht weiter auffällt: Müllabfuhr, öffentliche Toiletten und Gebäude, Grünanlagen, öffentlicher Nahverkehr, Kläranlagen und Kanalisation –, überall arbeiten Menschen und übernehmen die Reproduktionsarbeiten, die notwendig sind, damit diese Gesellschaft funktionieren kann. Doch bleiben wir der Einfachheit halber im privaten Bereich.

Die Zeitverwendungserhebung des Statistischen Bundesamtes und andere Studien beruhen auf den Selbstaussagen von Menschen, die für eine bestimmte Zeit ihr alltägliches Tun dokumentieren, kategorisieren und auszählen. Daraus Rückschlüsse zu ziehen, wie viel Zeit es tatsächlich für den Haushalt und die übrigen haushaltsnahen Tätigkeiten braucht, für die Betreuung von Kindern und pflegebedürftigen Angehörigen, fällt schwer. Wie viel Sorgearbeit wurde bereits ausgelagert? Wie viel wird beispielsweise außerhalb des eigenen Haushalts in Kantinen und Restaurants gekocht?

Nicht vom eigentlichen Bedarf aus, sondern von den tatsächlich ausgeführten Tätigkeiten her gesehen, verbringen Frauen gut drei Stunden pro Tag mit Haushaltsarbeiten, Männer nur knapp zwei Stunden, im Mittel also zweieinhalb Stunden. Damit müssen siebzehn offizielle, also bei den Unternehmen gemeldete Krankheitstage verrechnet werden. Umgerechnet auf Stunden pro (Arbeits-)Tag ergibt das dann gut eine Stunde, Krankheiten am Wochenende oder in der Urlaubszeit nicht mit-

berechnet. Besonders deutlich wird die Diskrepanz zwischen
Statistik und der tatsächlich zu bewältigenden Situation im
Krankheitsfall von Kindern: 5,5 Millionen Fehltage aufgrund
der Erkrankung eines Kindes verzeichnen die Unternehmen pro
Jahr. In Deutschland leben aktuell ungefähr neun Millionen
Kinder unter zwölf Jahren (nur in diesem Fall besteht überhaupt
ein Anspruch, zuhause zu bleiben und das Kind zu betreuen),
im Durchschnitt fallen pro Kind also nur ungefähr 0,6 Fehltage
pro Jahr an. In Bezug auf alle Arbeitnehmer·innen fällt das statistisch kaum ins Gewicht. Das kann eigentlich nur bedeuten,
dass sehr viel weniger Tage in Anspruch genommen werden, als
tatsächlich notwendig sind, denn die Krankheit eines Kindes
stellt eine Familie im Alltag vor große Herausforderungen und
fordert bei berufstätigen Eltern eine logistische Mehrarbeit und
ausgelagerte Care-Arbeit, die in den oben genannten Zahlen gar
nicht in Erscheinung tritt.

Defensiv gerechnet ergibt sich also ein durchschnittlicher
Haushalts- und Betreuungsaufwand von ungefähr vier Stunden
pro Tag. Wohlgemerkt, diese vier Stunden beziehen sich nur auf
den privaten Bereich, alles was außerhalb des eigenen Haushaltes
passiert, ist hier nicht mitberechnet, wäre für die Ermittlung eines realistischen Bedarfs an Care-Arbeit aber unbedingt notwendig. Auf 80 Lebensjahre hochgerechnet ergibt das knapp 120.000
Stunden. Dazu dann die vielen Stunden Vollzeitbetreuung in
der frühen Kindheit und später im Alter ..., diese Zahlen ersetzen
keine Statistik, sie sollen nur als erster Denkanstoß dienen, Care-
Arbeit einmal vom Bedarf her zu betrachten und noch einmal
neu über deren Verteilung und Wertschätzung nachzudenken.

Care-Konten

Mit Hilfe dieses durchschnittlichen, geschätzten Bedarfs an Sorgearbeit, auf die ein Mensch in seinem Leben angewiesen ist, ließe sich eine Art Care-Konto entwickeln und vielleicht auch ein Ausgleich schaffen. Auf der Sollseite stehen all die Sorgetätigkeiten, die geleistet werden müssen, dass frau·man überhaupt existieren kann. Und auf die Habenseite kommen all die fürsorglichen Arbeiten, die wir für andere leisten, aber auch für uns selbst. Im Ideal ergibt sich dann zum Ende des Lebens ein Gleichgewicht.

Ein solches Care-Konto würde für alle Menschen ersichtlich machen, wie sehr wir von der Fürsorge anderer abhängig sind, wie viel Sorgearbeit notwendig ist, damit wir sein können. Und wie viel Care-Arbeit wir selbst leisten müssten, damit Familie und Gesellschaft funktionieren können. Und wer sich nicht in diesem Maße einbringt, ohne dafür nachvollziehbare Gründe nennen zu können.

Es geht um Ausgleich und die Bereitschaft, Care-Arbeit als gesamtgesellschaftliche Aufgabe zu betrachten. Natürlich kann und soll nicht jede·r in gleichem Maße und Umfang Care-Arbeit leisten. Allerdings könnten Fürsorge und auch körpernahe Care-Arbeit, vom Ideal her gedacht, so selbstverständlich werden, dass die beliebten Ausreden von heute gar keine mehr wären, Ausreden wie: »Also ich könnte das nicht«, »Ich würde ja gerne mehr, aber die Zeit reicht einfach nicht« oder »Meine Frau kann das einfach besser, die hat da einen ganz anderen Blick.« Und mit ihren persönlichen Ansprüchen, Vorlieben und Fähigkeiten könnte sich man·frau dann auf einer ganz anderen Ebene, auf Augenhöhe auseinandersetzen.

Von der Machbarkeit her zu denken, setzt dagegen hinter jeden Lösungsvorschlag schon ein Aber, dann ist die Einschränkung Teil des Denkprozesses. Vom Ideal auszugehen, würde es ermöglichen, auch ganz andere Lösungswege zu entdecken. Und was von der Machbarkeit her gedacht ein Erfolg wäre, mit dem frau·man sich dann möglicherweise zufriedengeben könnte, ist mit dem Blick auf ein Ideal nur ein Zwischenschritt, ein wichtiger, vielleicht aber am Ende doch nur eine Etappe auf einem längeren Weg dem Besseren zu.

Care-Arbeit von einem idealen Bedarf her zu beschreiben und zu verteilen, eröffnete die Möglichkeit, diese bisweilen extreme Abhängigkeit und Hierarchie in einer Pflegebeziehung aufzulösen, weil wir sie als temporär, als notwendigen Ausgleich begreifen könnten, weil niemand mehr allein wäre mit ihrer·seiner Aufgabe. Selbstverständlich geht es hier um Verantwortung, die nur jede·r Einzelne für sich übernehmen kann und muss. Es geht aber auch um die Rücksichtslosigkeit, die nicht mehr systematisch akzeptiert und gefördert würde.

Rücksichtslosigkeit blickt nicht nach vorne in die Zukunft, kümmert sich nicht um die Folgen des eigenen Handelns für sich selbst und für andere. Es geht nur um die Gegenwart, um Vorteilsnahme jetzt. Je kurzfristiger geschäftliche und soziale Beziehungen angelegt sind, desto weniger Anreiz gibt es, vorausschauend zu handeln – bis die Rücksichtslosigkeit zum System wird. Und die zahlreichen aktuellen Beispiele aus der Luftfahrt, Pharmaindustrie und Lebensmittelbranche liefern hier deutliche Belege für eine systemische Schieflage.

Fürsorge im Unternehmen

Care-Arbeit spielt in jenen Unternehmen eine besonders große Rolle, die Pflege- und Sorgearbeit organisieren und hier oft einen grundlegenden Mangel verwalten müssen: Was ist zumutbar, was wäre wünschenswert für die eigenen Angestellten und den guten Ruf des Unternehmens? Wie lassen sich pflegebedürftige Menschen angemessen und würdevoll versorgen angesichts viel zu geringer Pauschalvergütungen durch die Kranken- und Pflegekassen? Und lässt sich unter den gegebenen Umständen der eigentliche Pflegeauftrag überhaupt noch umsetzen – nämlich die Selbstständigkeit und Selbstbestimmung der Betroffenen möglichst lange zu erhalten und nach Krankheiten und Rückschlägen auch wiederherzustellen?

Aktuell fehlten 100.000 Pflegestellen, rechnet Michael Simon, Professor für Gesundheitspolitik aus Hannover, vor, außerdem gäbe es viel zu wenige Ausbildungsplätze, als dass sich an dieser Situation schnell etwas ändern ließe. Für den Krankenhausbereich gilt dabei: Seit 1995 haben Kliniken in Deutschland ungefähr 25.000 Pflegestellen eingespart, während im gleichen Zeitraum 60.000 neue Vollzeitstellen für Ärzt·innen geschaffen wurden. Es ist eine paradoxe Situation im Care-Bereich: Einerseits wird der Betrieb streng nach wirtschaftlichen Prinzipien organisiert, effizient auch dort, wo Effizienz kein Maßstab sein sollte. Auf der anderen Seite sind zentrale Mechanismen der Marktwirtschaft außer Kraft gesetzt, nämlich das eigentlich sich ausgleichende Verhältnis von Angebot, Nachfrage und Preis. Trotz eines gravierenden und bereits langanhaltenden Arbeitskräftemangels im Care-Bereich steigen die Löhne und Gehälter nicht in einem Maße an, dass eine Entspannung der Situation in Sicht wäre. Begründet werden die Regulierungen damit, dass die Versorgung im Krankheits- und Pflegefall sonst nicht finanzierbar wäre. Seltsam ist allerdings das Ungleichgewicht zwischen deutlich mehr beschäftigten Ärzt·innen in Krankenhäusern, die also mehr Menschen medizinisch versorgen können, bei gleichzeitiger Reduzierung von Pflegekräften, die diese zusätzlichen Patient·innen doch eigentlich ebenso versorgen und betreuen müssten. Es sind eben die medizinischen Eingriffe, die einer Klinik Geld bringen, nicht die gute Pflege. Die Zunahme fragwürdiger medizinischer Eingriffe und Therapien in den vergangenen Jahren zeigt, dass dieses System sich längst nicht mehr am Menschen orientiert, sondern von ökonomischen Eigeninteressen bestimmt wird.

In allen anderen Unternehmen, die nicht mit Sorgearbeit betraut sind, wird der Care-Aspekt des eigenen Handelns gerne übersehen. Ganz ähnlich wie im familiären Zusammenhang wird Sorgearbeit oft erst dann bemerkt, wenn sie nicht gemacht wurde.

Who Cares? – Exkurs in Fragen II

Wer führt eigentlich Protokoll? Wer stellt Fragen, wer hört zu? Wer kümmert sich um die Geburtstage der Kolleg·innen, um Glückwünsche, wenn ein Kind auf die Welt kommt, um Nachfragen und Unterstützung, wenn ein Familienmitglied krank ist, stirbt? Wer hört zu, wer tröstet, wer vermittelt bei Uneinigkeit?

Wie kommt es eigentlich, dass die Fenster geputzt, die Mülleimer geleert, Schreibtische, Regale und Böden gewischt sind? Wer gießt die Pflanzen, lüftet durch und kocht den Kaffee und füllt den Vorrat auf? Wer räumt die Küche wieder auf, startet die Spülmaschine und wäscht die Handtücher? Wer bedient sich schon mal gerne an den Sachen im Kühlschrank? Wer bereitet eigentlich die Mahlzeiten in der Kantine zu? Wer ist um Ausgleich bemüht, bringt auch mal Kekse mit zum Meeting, stellt Obst in die Küche und fühlt sich für die Stimmung im Team verantwortlich? Wer kümmert sich darum, dass neue Kolleg·innen schnell Anschluss finden? Und was haben die Menschen davon, die viele dieser Fragen mit »Ja, meistens ich« beantworten können?

Wer hat die Blumen mitgebracht, wer kam auf die Idee, das Bild im Eingangsbereich aufzuhängen, wer springt mal für andere ein und macht kein großes Ding draus? Wer bekommt weniger Gehalt, weniger Anerkennung für dieselbe Leistung? Wer wird gehört, wer wird übergangen, wer schmückt sich gerne mal mit Ideen, die eigentlich andere hatten? Wer ist mit wem wie nachsichtig, wie streng? Wer entschuldigt sich, ist um Wiedergutmachung bemüht, wer eskaliert? Wer macht Witze, und über wen wird gelacht? Wer hält anderen den Rücken frei? Wer sorgt dafür, dass andere sich wohl fühlen, glänzen können? Wer bringt sich ein, wer kapselt sich ab? Wer findet die richtigen Worte in schwierigen Situationen, und wer haut einfach ab? Wer macht die Hintergrundarbeit? Und wer macht sich im Arbeitsalltag Gedanken über all diese Fragen? Wer hat sie sich noch nie gestellt?

Unternehmerische Fürsorge

Unternehmerische Fürsorge richtet sich zunächst an die eigenen Angestellten und Beschäftigten, bedeutet, ein Arbeitsumfeld zu schaffen, in dem Menschen gerne arbeiten, in dem sie wertgeschätzt werden für ihren Einsatz. Es bedeutet auch, dass Löhne und Gehälter gezahlt werden, die ein Leben ermöglichen, in dem genug Freizeit ist, um Abstand nehmen zu können von Arbeit und Unternehmen, dies übrigens gerade auch dann, wenn Home Office und andere Formen der dezentralen Zusammenarbeit erprobt und angeboten werden. Wie geht das Unternehmen um mit Krankheitsfällen und Schicksalsschlägen, wie offen kann man·frau über persönliche Probleme sprechen? Wie sind die strukturellen Abläufe bei Fällen von Mobbing und sexueller Belästigung? Wie ist die Stimmung in den Abteilungen, zwischen den Hierarchieebenen, der Umgang miteinander?

Die Gehälter und Bonuszahlungen im höheren Managementbereich werden gerne mit der großen Verantwortung begründet, dem Unternehmen und den Beschäftigten gegenüber. Dass Menschen in diesen Positionen weitreichende Entscheidungen zu treffen haben, steht außer Frage, doch wem fühlen sie sich am Ende verpflichtet und persönlich näher? Den Aktionär·innen und Hedge Fonds oder den Angestellten? Und wie beeinflussen diese Beziehungen nach außen die Beziehungen im Inneren? Denn eigentlich zielt die Rede von der Verantwortung ja auf die Beschäftigten. In diesem Sinne wäre Führung als eine Form von Pflege zu verstehen, also reproduktive Arbeit mit dem Ziel, die Leistungsfähigkeit und -bereitschaft des Unternehmens zu erhalten und sicherzustellen, ein Arbeitsklima zu schaffen, in dem freie Räume geschaffen werden für neue Ideen und für Fehler. Dagegen wäre die Verantwortlichkeit den Aktionär·innen gegenüber nicht reproduktiv (fürsorgend), sondern produktiv darauf fokussiert, möglichst hohe Umsätze und Gewinne zu generieren, ungeachtet der Bedürfnisse der Angestellten, ohne Rücksicht auf die Arbeitsbedingungen.

Unternehmerische Fürsorge nimmt aber auch die eigene Angebotspalette in den Blick, die Produktionsbedingungen unter den Gesichtspunkten Nachhaltigkeit und Arbeitsrecht, aber auch die Wirkung des Angebots auf die Kund·innen. Tatsächlich behaupten Unternehmen in ihren Werbe- und Imagekampagnen sehr gern, dass sie nur unser Bestes im Sinne hätten, vor allem wenn sie sich eigentlich an Kinder richten. Was würde das konkret bedeuten? Und lässt sich das unter den gegebenen wirtschaftlichen Verhältnissen überhaupt umsetzen?

Unternehmen verkaufen in aller Regel Lösungen für einzelne Teilprobleme des Alltags, um uns das Leben zu ermöglichen oder zu erleichtern. Jedes einzelne Unternehmen agiert dabei in seinem eng begrenzten Bereich, und jedes einzelne Angebot mag für sich genommen sinnvoll sein, doch gilt das auch in der gesamtwirtschaftlichen Summe? Etwa wenn der zunehmende Medienkonsum zu Bewegungsmangel führt? Wenn Putzmittel zwar alles keimfrei und sauber machen, aber Allergien begünstigen? Aluminiumverbindungen in Deodorants zwar wirksam, aber möglicherweise gesundheitsschädlich sind? Wenn also der Erfolg oder die Befriedigung eines einzelnen Bedürfnisses zu Problemen und ganz neuen Herausforderungen in einem anderen Bereich führt?

Was diesem Wirtschaftssystem offensichtlich und in seiner Ausdifferenzierung und Arbeitsteilung notgedrungen fehlt, ist der Blick aufs große Ganze, auf die wirklichen Bedürfnisse der Menschen, von Gesellschaft und Umwelt. Das soll kein Plädoyer für eine Planwirtschaft sein, doch die Verantwortung auf uns alle abzuwälzen, weil wir es schließlich sind, die all diese problembehafteten, schädlichen Angebote und Produkte kaufen, kann offensichtlich nicht die Lösung sein. Es ist diese wiederkehrende Übertragung der Verantwortlichkeit weg von den Unternehmen und staatlichen Organen hin zum Individuum. Wie frei jedoch sind wir in unseren (Konsum-)Entscheidungen angesichts dieser manipulativen Bildermacht und Finanzkraft von 45 Milliarden Euro, die Jahr für Jahr für Werbung und Marketing ausgegeben werden? Mit sozialpsychologischer Finesse werden ständig neue Bedürfnisse geschaffen, und die programmier- und design-technischen Möglichkeiten lassen Geräte ganz schnell sehr alt aussehen, eingeschränkt in ihrer Bedienbarkeit und in ihrem Nutzen.

Seit 2014 ist die durchschnittliche Lebenserwartung in den USA um vier Monate zurückgegangen auf 76,1 Jahre (Männer) und 81,1 Jahre (Frauen), im Vergleich zu Deutschland sind das jeweils zweieinhalb Jahre weniger. Dieser deutliche Unterschied wurde bislang hauptsächlich auf das Ernährungs- und Bewegungsverhalten sowie die Schusswaffengesetze zurückgeführt, als Grund für den aktuellen Rückgang dagegen gilt die Opioidkrise. Ab Ende der 1990er Jahre wurden in den USA opioidhaltige Schmerzmittel nicht mehr nur an Schwerkranke oder Sterbende verschrieben, sondern auch als Mittel gegen eher normale Schmerzen im Alltag. Durch massive Werbung und Lobbyarbeit war es den Pharmaunternehmen gelungen, diese Mittel als effektiv und gleichzeitig nebenwirkungsarm in großen Mengen zu verkaufen. Es ist die Rede von 76 Milliarden Einzeldosen von Medikamenten, die ähnlich wirken wie Heroin und viele Menschen in die Sucht führten. Aktuelle Schätzungen gehen von drei Millionen Abhängigen und über 70.000 Todesfällen pro Jahr aus, Tendenz steigend. Die Gewinne blieben über Jahre bei den Unternehmen, die gesellschaftlichen Folgekosten hat nun die Allgemeinheit zu tragen, vom Leid der betroffenen Menschen und Familien gar nicht zu sprechen. Selbst wenn es inzwischen zahlreiche Sammelklagen auch von Kommunen und staatlichen Institutionen gibt, die Strafzahlungen werden nicht annähernd die Folgekosten decken, nicht einmal dann, wenn sie so hoch wären, um die Unternehmen in den Konkurs zu treiben. So oder so, die Gewinne sind längst abgeschöpft.

So extrem dieses Beispiel auch wirken mag, es ist nur eines von vielen, das deutlich macht: diese Schieflage ist grundsätzlich und systemisch. Bereits in den späten 1970er Jahren erbrachten interne Forschungen von Exxon (heute ExxonMobil) deutliche Hinweise auf eine globale Erderwärmung. Und im Rückblick lässt sich konstatieren, dass die Prognosen sehr exakt das voraussagten, was in den gut 30 Jahren seither passiert ist. Und auch was die Zukunft betrifft, decken sie sich mit aktuellen Forschungsergebnissen. Sogar die Hauptursache des drohenden Klimawandels wurde schon damals klar identifiziert: Kohlenstoffdioxid. Die Fakten sind also seit 1977 bekannt, doch anstatt diese Ergebnisse ernst zu nehmen und zu publizieren, nach dringend nötigen Alternativen zu suchen, startete das Unternehmen Werbekampagnen, die die Vorzüge erdölbasierter Mobilität und Produktion priesen, brachte wider besseres Wissen Argumente in Umlauf, die bis heute von Leuten vorgebracht werden, um den menschlichen Einfluss oder den Klimawandel insgesamt zu leugnen. Exxon selbst gehört zu den vier Unternehmen, die für 10 % der weltweiten Kohlendioxidemission seit 1965 verantwortlich sind. Gegen diese Finanz- und Bildermacht war dann beispielsweise auch der Brundtland-Bericht »Unsere gemeinsame Zukunft« machtlos, der bereits 1983 erste Empfehlungen aussprach für eine nachhaltigere und verantwortungsbewusstere Wirtschaftsform.

Die höchste Gewinnmarge erzielen Unternehmen der Lebensmittelindustrie mit stark zucker- oder fetthaltigen Produkten wie Schokoriegeln, Cerealien, Fruchtjoghurts und anderen Süßigkeiten und eben mit Snacks. Und weil das so ist, betriebswirtschaftliche Logik, werden genau diese Produkte am intensivsten beworben, gerade auch mit direkter Ansprache an Kinder.

Unternehmen machen also Gewinne, indem sie langfristig die Gesundheit und das Wohlergehen ihrer Kund·innen gefährden und aufs Spiel setzen. Und als einziges Argument dafür dient ihnen der Verweis auf die Mündigkeit der Konsument·innen, denn sie selbst machten ja bloß Angebote. Wie verantwortungsvoll wir dann damit umgingen, läge ja nicht an ihnen. Auch hier wieder die bekannte Umkehrung der Verantwortlichkeit, und diese Beispielreihe ließe sich beliebig fortführen. Dieses System funktioniert nur, da die Reichweite der Unternehmensverantwortung nicht die gesamte Wertschöpfungskette, inklusive der vor- und nachgelagerten Lieferketten umfasst. Es gibt für Firmen keine umfassende Verpflichtung, ökologische und gesellschaftliche Belange zu berücksichtigen.

Abgesehen von einigen gesetzlichen Abgaben und Rahmenbedingungen liegt die Verantwortung für die Entsorgung von
Produkten und Verpackungen bei den Verbraucher·innen anstatt bei den Unternehmen. Und solange es keine Auflagen gibt
für weggeworfene Getränkedosen, Zigarettenkippen und veraltete Smartphones, solange es akzeptiert wird, dass diese Verantwortung an Verbraucher·innen abgegeben werden darf, gibt es
für die Unternehmen keinen wirklichen Anreiz, an der gängigen
Praxis etwas zu verändern.

Reproduktion, wiederherstellen, bewahren – das bedeutet
weiterhin, die Zielgruppe als Mitmenschen ernst zu nehmen,
ihnen auf Augenhöhe zu begegnen und sie in die Lage zu ver-
setzen, die angebotenen Produkte auch zu ihrem Nutzen zu ver-
wenden und zu konsumieren, also auf mögliche Gesundheits-
risiken aufmerksam zu machen, nicht zum Selbstschutz vor
möglichen Klagen, sondern aus Verantwortungsbewusstsein
und im Wissen, dass auch Wirtschaft letztlich eine Beziehung
ist zwischen Menschen. Dies gilt insbesondere, wenn Kinder die
Zielgruppe sind.

Reproduktion als Maßstab und Grundgedanken von unter-
nehmerischem Handeln zu betrachten, hieße zudem, die Folgen
für die eigenen Angestellten und die Umwelt mit in den Fokus
zu nehmen. Nur weil die gesetzlichen Regelungen möglicherweise nicht ausreichend sind, ist das noch lange kein Freibrief
oder ein Grund für ein gutes Gewissen. Erst wenn die Voraus-
setzungen unternehmerischen Handelns, nämlich die private
Care-Arbeit ebenso mitberechnet werden wie die sozialen, ge-
sundheitlichen und ökologischen Folgen von Produktion, Ver-
kauf und Entsorgung, erst dann wird ein ehrlicher Diskurs über

die Rolle von Unternehmen in der Gesellschaft möglich sein, erst dann werden wir zu nachhaltigen Lösungen kommen können, die deutlich über die aktuellen kurzfristigen Reflexe hinausgehen. Solange wir Wirtschaft und Privatleben nicht nur im politischen Diskurs, sondern auch im persönlichen Selbstverständnis trennen, sind die notwendigen, grundlegenden Veränderungen kaum denkbar. Es gilt, Produktion und Reproduktion, Beruf und Privatleben zusammenzudenken. Und wenn die persönliche, private Haltung den Anforderungen des Berufes widerspricht, wäre es womöglich an der Zeit, die Regeln der Branche und des eigenen Unternehmens einmal grundsätzlich zu hinterfragen.

Ich sorge, also bin ich – ein neuer ökonomischer Imperativ

Fürsorgliche Unternehmensführung findet im Futur II statt: also heute schon darüber nachdenken, ob es sich einmal gelohnt haben wird. Eine rückblickende Vorausschau ins kommende Jahr, in zehn Jahren, ob frau·man sich gerne und guten Gewissens an die heutigen Entscheidungen zurückerinnern, ob es das wert gewesen sein wird. Und selbstverständlich muss es bei diesen Überlegungen auch um den Erhalt des Unternehmens im gesamtwirtschaftlichen Kontext gehen, vielleicht auch um etwas Größeres, das man als das Lebenswerk bezeichnen könnte. Wenn in einer Unternehmensbiografie stolz verkündet wird, man·frau habe die Frauen- und Männerbratwurst erfunden, dann mag da eine Spur Ironie mitschwingen, die Hauptbotschaft ist allerdings, dass es eigentlich nichts Nennenswertes zu berichten gibt.

Fürsorgliche Unternehmensführung fragt nach dem eigenen Beitrag zum Gelingen und Fortschritt, zum Zusammenwachsen dieser Gesellschaft und globalen Gemeinschaft, zum Erhalt und Nutzen von Mensch und Umwelt, was also ist der ›social impact‹, um diese Welt zu einem besseren Ort zu machen? Sie legt die ökologische und soziale Bilanz offen, macht keine blumigen Selbstverpflichtungserklärungen, sondern erfordert konkretes, abwägendes Handeln. Und eine fürsorgliche Wirtschaftspolitik fördert das nicht nur, sondern macht den Social Impact überall dort zur Bedingung und Voraussetzung, wo Subventionen und öffentliche Gelder und Aufträge vergeben werden. Dass der hauptsächliche Blick auf den Preis keine tragfähigen Entscheidungen bringt, zeigen die Großprojekte der vergangenen Jahre sehr deutlich. Vielleicht braucht es weniger einen Wettbewerb der Kosten, sondern eher einen Wettbewerb der sozialen und ökologischen Verantwortung und Ideen?

Solange Unternehmen die Folgekosten für Menschen, Umwelt und Gesellschaft nicht zu tragen haben, solange sie nicht gezwungen werden, das eigene unternehmerische Handeln in Bezug zu setzen zur sozialen und ökologischen Entwicklung, gibt es für sie keinen Anreiz, an der aktuellen Situation etwas zu verändern. Wenden wir den Blick allerdings in die Zukunft, tritt die Schuldfrage an der bisherigen Misere plötzlich in den Hintergrund. Mit dem Blick nach vorne gerichtet geht es darum, für sich selbst zu entscheiden, welchen Beitrag ein Unternehmen zu leisten bereit ist, welche Kompromisse und vielleicht auch finanziellen Einschränkungen, damit sich die Verhältnisse zum Besseren hin verändern.

Mit Blick auf geeignete und engagierte Fachkräfte und damit

den eigenen unternehmerischen Vorteil ist dieser Wettkampf der sozialen Ideen bereits in vollem Gange. Dabei geht es um konkrete Erleichterungen im privaten Alltag der Menschen. Genau hier findet diese Verschränkung mit dem Privaten statt, die notwendige Aufhebung der beiden Sphären, die so lange und zum Schaden aller getrennt waren.

Inzwischen bieten zunehmend Unternehmen, insbesondere im Tech-Bereich, ihren jungen Mitarbeiter·innen Anreize und Vergütungen, damit sie Elternschaft, Erziehungszeiten und Beruf verbinden können. Das bedeutet konkret: Elternzeit bei voller Bezahlung, Betriebskindertagesstätten und die Möglichkeit, verstärkt von zuhause aus arbeiten zu können. Doch was ist, wenn es nicht die Kinder sind, sondern etwa die Eltern, die Unterstützung und Pflege brauchen? Wie wäre es mit einer Tagespflegestation, keine Intensivpflege, doch die Möglichkeit, die hilfsbedürftigen Angehörigen mitzubringen? In dieser Konstellation sind Frauen noch sehr viel stärker gefordert als in der Frage der Kindererziehung, in der sich allmählich ein Umdenken anzubahnen scheint. Wie wäre es, Betriebskindertagesstätte und Tagespflege zusammen zu denken? Dann könnten Kinder und ältere Menschen gemeinsam basteln und spielen und vorlesen und singen, gemeinsam Mahlzeiten einnehmen, die Berufstätigen kämen in der Mittagspause dazu, hätten Großfamilie im Unternehmen. Wie wäre es darüber hinaus mit einer Erweiterung der betrieblichen Altersvorsorge? Das Unternehmen betreibt ein eigenes Pflegeheim und bietet betreutes Wohnen an, langjährige Angestellte bekommen dort ihren Platz und sind im Gegenzug für das Unternehmen immer noch da mit ihrem Wissen und ihrer Erfahrung.

›Fürsorgliche Unternehmen‹ bieten Arbeitnehmenden Entlastung, wenn ein Kind geboren wird, wenn ein Familienmitglied krank ist. Sie kümmern sich um Rabattverträge, um Hol- und Bringdienste. Sie ziehen Toilettenpausen nicht von der Arbeitszeit ab, bieten Essen zum Mitnehmen aus der Kantine an und zählen nicht Anwesenheitsminuten, sondern Ergebnisse und Qualität. Sie haben verstanden, dass ihr Beitrag zu Care die Arbeit ihrer Angestellten positiv beeinflusst und sie damit im Wettbewerb um geeignete Mitarbeiter·innen an Attraktivität gewinnen.

Fürsorgliche Erziehung

Professionelle Care-Arbeit wird schlecht bezahlt und private, ehrenamtliche Sorgearbeit wird gleich als Allgemeingut behandelt – so wie Sonne, Luft und Wasser. Gesellschaft und Unternehmen können sich der privaten Pflege bedienen und ihre Profite daraus ziehen, ohne dass diese als wesentlicher Kostenfaktor bei der Gewinnermittlung zu berücksichtigen wäre. Während in Umweltfragen allmählich, wenn auch reichlich spät ein Umdenken stattfindet, dass Unternehmen nicht mehr maß- und rücksichtslos Sauerstoff verbrennen oder Kohlendioxid in die Luft zurückblasen können, scheint sich im Care-Bereich noch kein solcher Paradigmenwechsel abzuzeichnen. Kindererziehung und Sorgearbeit werden immer noch als Privatsache abgetan und nicht in volkswirtschaftliche Berechnungen und unternehmerische Langzeitplanung mit einbezogen. Tatsächlich wird bei der Berechnung des Bruttoinlandsproduktes nur beruflich geleistete Care-Arbeit berücksichtigt, Familie erscheint hier nur als möglicher Absatzmarkt von Bedeutung.

Die damit einhergehende Kommerzialisierung und Neoliberalisierung von Familie führt zunehmend dazu, dass sie ihrer Kernaufgabe nur noch bedingt gerecht werden kann, nämlich Kindern einen Lebens- und Beziehungsraum zu bieten, in dem sie all die Fertigkeiten, Fähigkeiten und Interessen entwickeln können, Verantwortungsbewusstsein und Empathie, die für ein selbstbestimmtes und eigenständiges Leben wichtig sind, gerade auch im späteren Berufsleben – oder aber pflegebedürftigen Verwandten ein Lebensende in Würde zu ermöglichen. Mithilfe bei der Hausarbeit und Betreuung jüngerer Geschwister und später die Hauptverantwortung in der eigenen Familie, die dabei schon in Kinderjahren erlebte und erlernte ungleiche Verteilung von Care-Arbeit – all das bedeutet für Mädchen und Frauen von Anfang an eine zeitliche und gedankliche Einschränkung und Benachteiligung, weniger Freiheit und Selbstbestimmung.

Jungen Frauen sind diese Einschränkungen durchaus bewusst, und nach neuen Statistiken wünschen sich rund 80 % von ihnen eine Beziehung, in der Haushaltsarbeit, Kindererziehung, Beziehungspflege und berufliche Karrierechancen fair und gleichberechtigt aufgeteilt werden. Allerdings teilen nur 40 % der jungen Männer diesen Wunsch, was darauf hindeutet, dass jenen zumindest unbewusst klar sein dürfte, welche Privilegien sie verlören, sollten sie sich auf eine solche Beziehung einlassen. Und hier geht es nur um eine Wunschvorstellung, noch gar nicht um die konkrete Umsetzung im Alltag, die wieder ganz andere Schwierigkeiten mit sich bringt.

Tatsächlich ziehen viele junge Männer erst dann endgültig aus ihrem Elternhaus aus, wenn eine Frau da ist, die Mamas Care-Bereitschaft übernehmen kann, und sie trennen sich oft erst dann von einer Partnerin, wenn sie eine neue gefunden haben, die für sie putzt und kocht und ihnen auch emotional den Rücken freihält.

Hier offenbart sich ein grundlegendes gesellschaftliches Versäumnis der vergangenen Jahrzehnte. Die zweite Frauenbewegung seit Ende der 1960er Jahre hat zwar durchgesetzt, dass junge Frauen heute sehr viel selbstbestimmter sind und gut ausgebildet in die Berufswelt drängen. Allerdings wurde viel zu selten die Frage gestellt, wer denn dann die notwendige Care-Arbeit übernehmen würde. Und so wurden die Söhne und jungen Männer nicht einbezogen in diesen Veränderungsprozess, und die Haus- und Familienarbeit hängt nach wie vor an den Frauen, die das nun zusätzlich zu ihrer Erwerbstätigkeit zu leisten haben.

Mit dem Fokus auf Berufstätigkeit und finanzielle Unabhängigkeit wurde viel erreicht, dass auch Frauen eine Erwerbsbiografie und entsprechende Rentenansprüche aufbauen können. Doch auf Dauer kann das nur dann gleichberechtigt funktionieren, wenn alle Geschlechter neben ihrer Erwerbsbiografie auch eine Care-Biografie aufbauen. Und so wie die Schule ein erster Schritt in die spätere Berufstätigkeit ist, braucht es diese Einweisung auch in die Welt der Fürsorge. Doch wie sollen Kinder, Jungen· wie Mädchen· hier ein Selbstverständnis entwickeln, eigene Erfahrungen sammeln, wenn Care-Arbeit, etwa in Mittelschichtsfamilien, immer stärker ausgelagert wird und damit auch im Familienalltag unsichtbar wird? In dieser Vorstellungswelt gibt es für Kinder Care nur im beruflichen Kontext, die nicht im Bezug steht zu eigenem Handeln und Wollen.

Wenn wir Schule als einen Ort ganzheitlichen Lernens begreifen, wäre es an der Zeit, hier zu übernehmen, was Familie nur noch bedingt leisten kann, und die Grundfertigkeiten und Tätigkeiten des Haushaltens zu lernen. Ein Ansatzpunkt wäre es, das immer wieder geforderte und zum Schuljahr 2020/21 beispielsweise in Nordrhein-Westfalen eingeführte Fach »Wirtschaft« auf seinen Ursprung zurückzuführen und als Wirtschaft des Haushalts zu unterrichten.

Der italienische Bildungsminister Lorenzo Fioramonti hat 2019 einen Gesetzesentwurf vorgelegt, demzufolge Klimawandel und Nachhaltigkeit nicht nur als reguläres Unterrichtsfach einzuführen wäre, sondern auch andere Fächer wie Geografie, Physik und Chemie auf diesen Fokus hin neu auszurichten seien. Natürlich ist das eine Reaktion auf die Proteste und möglicherweise auch nur ein Anbiederungsversuch an die Fridays-for-Future-Bewegung. Es bleibt dennoch ein wichtiger Vorstoß, der hoffentlich von vielen anderen Ländern aufgegriffen und umgesetzt wird. In Deutschland leider vorerst nicht, wie Bundesbildungsministerin Anja Karliczek kurz nach dem italienischen Vorstoß in einem Interview mit der Augsburger Allgemeinen klarstellte: »Es werden immer wieder Wünsche laut, neue Fächer einzuführen, generell sehe ich das skeptisch. [...] Schule muss eine gute Grundbildung zum Ziel haben und dabei sollten die Bezüge zu den Herausforderungen der Zeit hergestellt werden.«

Natürlich hat Schule einen grundsätzlichen Bildungsauftrag, vor allem aber soll sie fit machen für die Ausbildung, fürs Studium und für den Berufseinstieg. Und selbstverständlich wird in der Schule auch das soziale Miteinander thematisiert und eingeübt, doch eben nur nebenbei. In der Schule wird, kaum verwunderlich, im Kleinen reproduziert, was im Großen schon schiefläuft: die Trennung von privat (Fürsorge und Care-Arbeit) und öffentlich (Beruf und Fachwissen). Und die ungleiche Verteilung der Sorgearbeit wird gar nicht thematisiert.

Wie wäre es, diesen wichtigen Vorstoß des italienischen Bildungsministers konsequent weiter zu gehen und Care, Fürsorge insgesamt zum Maßstab schulischer Bildung zu machen? Dann wären Nachhaltigkeit und Umweltschutz ebenso Thema wie Gleichberechtigung, Selbstsorge und was das eigentlich bedeutet, sich zu kümmern.

Erwerbsbiografie vs. Care-Biografie

Die unterschiedlichen in der Forschung beschriebenen Gender Gaps werden bereits in der Kindheit angelegt und eingeübt, und mit fortschreitendem Lebensalter wird es immer schwieriger, sich dieser subtilen, sozial-psychologischen Mechanismen zu erwehren. Die überwiegende Mehrheit der Kinder wächst, wie eingangs dargestellt, auch heute noch in Haushalten auf, in denen ganz selbstverständlich die Mutter anwesender und zuständig ist. Das ändert sich auch dann nur selten, wenn beide Elternteile in Vollzeit berufstätig sind, und nicht einmal dann, wenn sie mehr arbeitet und auch mehr verdient. In Kinderbüchern und Filmen, bei Freund·innen, in den Kindertagesstätten und Grundschulen und verstärkt in Werbung und Spielwarenangebot –, überall bietet sich Kindern ein ähnliches Bild.

Aber was ist denn nun eigentlich das Ziel von Erziehung? Kinder zu funktionierenden, gut ausgebildeten Erwachsenen im Sinne der Wirtschaft formen? Oder doch eher, ihnen möglichst viel mit auf den Weg geben, das ihnen ermöglicht, selbst zu entdecken, wer sie sind, was ihnen Glück bereitet, mit wem und womit sie ihr Leben bereichern, was sie erreichen möchten? Sie ermächtigen, damit sie in allen Lebensbereichen Erfahrungen sammeln und für sich selbst sorgen, Verantwortung übernehmen können? Ihnen vermitteln, wie man mit anderen Menschen respektvoll und auf Augenhöhe kommuniziert, sensibel zu sein, um zu erkennen, wann Grenzen überschritten werden?

Wenn Schule zunehmend auf die spätere Berufswahl hin zugespitzt und eingeschränkt wird, dann ist es umso mehr die Aufgabe von Eltern und Familie, hier einen Ausgleich zu schaffen. Fürsorgliche Erziehung heißt , Kindern möglichst umfassende Erfahrungsräume zu ermöglichen, nicht gezielt einzelne Talente zu fördern. Fürsorgliche Erziehung bedeutet auch zu erkennen, dass Jungen der Zugang verwehrt wird in die Welt der Fürsorge und Selbstsorge, dass sie sich nicht nur freiwillig all den anderen Dingen außerhalb der Familie zuwenden. Das alles in dem Wissen, dass die Möglichkeiten der Einflussnahme für Eltern und Erzieher·innen gering sind. Eine Care-Biografie wird für Jungen nur dann möglich sein, wenn es, wie dargestellt, auch in den Medien mehr Care-Vorbilder für sie gibt, mehr Anknüpfungspunkte und Möglichkeiten, sich selbst in Beziehung zu setzen und als fürsorglichen Menschen zu begreifen.

So, wie es inzwischen als normal gilt, dass Frauen berufstätig sind und sich eine Erwerbsbiografie aufbauen, so normal sollte es werden, dass Männer eine Care-Biografie entwickeln, schließlich gehört beides zu einem erfüllten Lebensentwurf. Ein solches Leben wäre in beiden Sphären ein erfüllteres. Und wie erst würde sich das Zusammenleben und die Zusammenarbeit in Unternehmen verändern, wenn alle Geschlechter Sorgearbeit lebten und einer Erwerbstätigkeit nachgingen?

Übrigens entwickeln Kinder weniger stereotype Berufsinteressen, wenn ihnen Tätigkeiten in der weiblichen und männlichen Form vorgestellt werden. Eine Studie mit Kindern im Vorschulalter konnte belegen, dass Kinder untypischere Interessen entwickeln, dass sie sich für Dinge interessieren können, die ihnen sonst fern lägen, wenn Erwachsene Berufe in der weiblichen und der männlichen Form benennen und nicht nur vom Ingenieur, Astronaut, Lehrer, Erzieher oder gar Feuerwehrmann sprechen. Durch das generische Maskulinum wird ein Klischee und Vorurteil aufgerufen, die Beidnennung führt dagegen dazu, dass sich alle Kinder angesprochen fühlen und offener sind in ihrer Wahl.

Quality Time mit dem Care-Roboter

In den Debatten um die aus unternehmerischer Perspektive so wichtige Ausweitung der außerfamiliären Betreuung auch schon ganz kleiner Kinder wurde der Begriff ›quality time‹ geprägt. Seine beruhigende Botschaft sollte sein, es sei oft besser, beispielsweise eine Stunde am Tag ganz und ausschließlich und intensiv für ein Kind und seine Bedürfnisse da zu sein als fünf Stunden am Tag nur so nebenbei. Eine effiziente Pflege der Eltern-Kind-Beziehung also, nutzbringend. Als ob nicht gerade in der Beiläufigkeit eines gemeinsam verbrachten Alltags die wichtigen Momente und Gespräche entstünden, als ob diese im Kalender eingeplant werden könnten, Spiel- und Gesprächsbedarf auf Knopfdruck abrufbar. Und selbst wenn die kurze Zeit mit einem Elternteil ›quality time‹ wäre, was soll das dann für den Rest des Tages bedeuten?

Ganz ähnlich wird in den Diskussionen um eine Digitalisierung und Roboterisierung der Pflege darauf verwiesen, dass die Technik die Pflegekräfte entlasten solle, damit sie wieder mehr

Zeit hätten, sich auf ihre eigentlichen Aufgaben zu konzentrieren, da zu sein für die Menschen und ihre individuellen Bedürfnisse, also überspitzt formuliert: weniger stumpfsinnige Arbeit, die auch ein Roboter erledigen könnte, dafür mehr ›quality time‹.

Das aber ist grundverkehrt. Einmal mehr wird hier Care-Arbeit unterteilt in verschiedene Bereiche, die mal wichtiger genommen, mal als unwichtig abgewertet werden. Weil Care als Reproduktionsarbeit aus der aktuellen wirtschaftlichen Sicht keinen Wert hat, liegt der Wunsch nahe, Teile davon an Maschinen abzugeben. Und möglicherweise wird es ja irgendwann Roboter geben, die eine Pflegekraft ersetzen könnten, denen genügend medizinisches Wissen und pflegerische Sorgfalt einprogrammiert wurde. Wer weiß, möglicherweise wird es irgendwann auch eine Generation von Menschen geben, für die es ganz normal geworden sein wird, mit Robotern und künstlicher Intelligenz von Angesicht zu Angesicht zu kommunizieren, die eine Maschine selbst als Zuhörerin annehmen. Und vielleicht speichern diese Roboter dann auch Anekdoten und eigene Erinnerungen aus ihrem pflegerischen Alltag, entwickeln eine Art Persönlichkeit, um einen solchen Dialog Mensch/Maschine mit eigenen Erfahrungen bereichern zu können. Die Generation allerdings, die heute ambulante oder stationäre Pflege benötigt, ist dafür nicht bereit, und die folgende sicher auch noch nicht.

Außerdem geht es bei der Pflegerobotik weniger um Anerkennung und die rein praktischen pflegerischen Fertigkeiten, sondern um moralische Fragen: Wie halten es Roboter mit der Selbstbestimmung der ihnen anvertrauten Menschen? Wenn die einmal nicht aufstehen möchten, nicht duschen, keine Haare kämmen, nichts trinken, nichts essen möchten? Wie reagieren Roboter, wenn der persönliche Wille des Menschen im Widerspruch steht zu eigentlich notwendigen und programmierten pflegerischen Maßnahmen? Was ist zeitsensitiv und was kann auch später noch gemacht werden? Was ist noch Überredungskunst, und was ist schon Zwang? Wo beginnen Übergriff und Gewalt? Wie geht ein Roboter um mit den unterschiedlichen Wünschen der Angehörigen untereinander und denen der Pflegebedürftigen? Lässt sich dieses zwischenmenschliche Feingefühl in Algorithmen packen, die dann zu begründbaren und moralisch nachvollziehbaren Handlungen führen? Wie einig sind sich Beteiligte und Außenstehende bei der Bewertung kritischer Situationen im Pflegealltag? Ist da ein allgemeiner, situationsübergreifender Konsens vorstellbar? Bekommen es alle Pflegebedürftigen dann mit einem Robotertypen zu tun oder gibt es einen individuell abgestimmten, personalisierten Code für Frau Müller und Herrn Yildirim? Pflege ist eben mehr als Medikamente zuzuteilen, Essen reichen und körperliche Versorgung, Pflege ist mehr als »satt und sauber«, nämlich ein hochkomplexer Prozess, der sich zudem jeden Tag und von Person zu Person wandelt.

Und wie wäre es um die Hierarchie in solchen Mensch-Maschine-Teams bestellt? Sind examinierte Pflegekräfte dann überhaupt noch die richtigen Ansprechpartner·innen oder bräuchte es für diese Aufgabe nicht vielmehr Moralphilosoph·innen, Psycholog·innen oder Programmierer·innen und das von Anfang an? Können diese wiederum Pflegemaßnahmen richtig einschätzen? Und wenn ja, warum gibt es dann in der aktuellen Pflegesituation so wenig psychologische Begleitung?

Natürlich geht es um Körperpflege, Medikamenteneinnahme, Nahrungsaufnahme, Lagerung und Mobilisation, Dokumentation ... Und in so manchem ähneln sich die Tätigkeiten zur Versorgung von pflegebedürftigen Menschen und der von kleinen Kindern. Aber bei Kindern käme niemand auf die Idee, dass dies ausreichend sein könnte. Viel wichtiger ist der Dialog, der Austausch, die Anteilnahme, gemeinsame Aktivitäten, Hilfe zur Selbsthilfe, Bildung und Kultur, gemeinsames Spielen, Malen, Singen, Basteln, Werken, Erleben. Und hier wie dort ist es das beiläufige Gespräch, das parallel zu einer Handlung entsteht.

Das Wissen und die Einschätzung, was ein Mensch nach einer Krankheit, einem Unfall wieder an Selbstständigkeit wird erreichen können, ist medizinisch derart komplex, dass Diagnosen oft nicht zutreffend sind. Immer wieder überraschen Menschen mit sehr schlechten Prognosen, erreichen Unerwartetes, einfach da sie mit ihrer Willenskraft und durch die intensive Betreuung durch andere Menschen etwas erreichen, das als unmöglich galt. Nicht zu unterschätzenden Einfluss darauf hat die Pflegebeziehung. In zu vielen Care-Situationen gibt es keine eindeutigen Antworten, gibt es kein Schwarz und Weiß, kein Null und Eins. Technische Lösungen könnten möglicherweise die aktuellen zeitlichen Engpässe in der stationären Pflege ausgleichen und die Situation allgemein etwas entspannen, die grundlegenden Care-Fragen werden dadurch nicht verschwinden, im Gegenteil, sie stellen sich hier in besonderer Schärfe. Care lässt sich nicht in Algorithmen übertragen.

Umwelt und Technik

Technische Lösungen haben abgesehen von den speziellen moralischen und gesellschaftlichen Implikationen im Care-Bereich den entscheidenden Nachteil, dass sie viel Energie verbrauchen im alltäglichen Einsatz, schon bei der Produktion. Eine möglicherweise ideale technische Lösung für die Pflege erschwerte also dennoch die Fortschritte in einem anderen Care-Bereich, dem Umweltschutz.

Schon heute übernehmen Maschinen große Teile des privaten Haushalts. Allerdings gilt wie bei der Auslagerung von Sorgearbeit aus der Familie heraus auch hier, Technik kann die eigentlichen Probleme und Herausforderungen nicht lösen, die Probleme werden nur verlagert, zulasten der Umwelt. Vom Zeitgewinn profitieren nicht so sehr die Menschen, sondern wieder einmal die Unternehmen, die geringere Löhne bezahlen müssen, seit beide Elternteile erwerbstätig sind.

Es gibt eine soziale Gruppe, die den deutschen Umständen entsprechend ein ökologisch vorbildliches Leben führt, alleinstehende ältere Frauen im Rentenalter, die in den Notzeiten des Krieges gelernt haben zu haushalten, die saisonal und regional einkaufen und Obst und Gemüse selbst einmachen, die aus alten Handtüchern noch Putzlappen machen und aus alten Gardinen eine Schürze nähen. Viele davon tun dies nicht freiwillig, damals wie heute, denn sie leben in Altersarmut. Ein Grund mehr für eine Respektrente, Respekt für die Lebensleistung und Respekt dafür, in diesen Zeiten ein ökologisch vertretbares Leben zu führen.

Technik, so zeigen es diese Frauen, ist nicht die Lösung, Technik verschärft die Probleme, macht aus persönlicher Zeitnot ein Umweltproblem. Der Schlüssel zu einem nachhaltigen Leben ist Zeit, Zeit, die wir dafür einsetzen, das Leben selbst in die Hand zu nehmen, uns zu kümmern, um uns selbst, um andere Menschen, um die Dinge, mit denen wir uns umgeben, insgesamt langsamer leben.

Zur Rolle des Staates

Ein derart umfassendes Care-Konzept zwingt dazu, die Dinge und das Leben in einem größeren Zusammenhang zu betrachten, sich nicht länger mit halbgaren Lösungsversuchen zufrieden zu geben, sondern eine radikalere Perspektive zu beziehen: Eine technische Lösung des Fachkräftemangels in der Pflege ginge zulasten der Umwelt. Der Import von Pflegekräften würde unser deutsches Problem bloß in andere Länder verlagern und überließe die Lösung anderen Gesellschaften, denen es wirtschaftlich schlechter geht. Eine Möglichkeit zur Lösung der Care-Problematik wäre aber eine Form von Grundeinkommen. Eines, das die finanziellen Rahmenbedingungen dafür schafft, dass mehr Zeit bleibt für Kinder, Angehörige und zur Selbstpflege. Ein bedingungsloses Grundeinkommen könnte unser aller Leben entschleunigen, so das Ideal.

Ein Blick auf die Zahlen und Statistiken allerdings zeigt, dass Männer und Frauen bislang aus ganz unterschiedlichen Gründen ihre Erwerbsarbeitszeit reduzieren, hier wird wieder einmal ein signifikanter Geschlechterunterschied deutlich. Nicht nur, dass insgesamt viel mehr Frauen (47,9 %) in Teilzeit arbeiten als Männer (11,2 %) – wenn minderjährige Kinder im Haushalt leben, liegt das Verhältnis bei 66,2 % (Frauen) zu 5,8 % (Männer). Frauen reduzieren ihre Arbeitszeit, um sich um Kinder, Familie oder pflegebedürftige Angehörige zu kümmern – für Care-Arbeit. Und Männer? Nur ein sehr kleiner Prozentsatz reduziert seine Arbeitszeit aus Fürsorge, die überwiegende Mehrheit tut dies, um sich fort- und weiterzubilden, sich selbst zu verwirklichen, sich in Vereinen oder Organisationen engagieren zu können. Vor allem aber tun es viele unfreiwillig, einfach aus dem Umstand heraus, dass es gerade keine Vollzeitstelle für sie gibt. Dies und die auch außerhalb der Familie übliche ungleiche Verteilung der Sorgearbeit legen den Schluss nahe, dass ein bedingungsloses Grundeinkommen nichts ändern würde an der aktuellen Aufgabenverteilung, es würde eventuell die fürsorgenden Frauen finanziell besserstellen. Damit wäre aber grundsätzlich nur wenig gewonnen.

Was sich mit einer allgemeinen Reduzierung der wöchentlichen Arbeitszeit ändern könnte, ist die Bedeutung der Menschen für ein Unternehmen. Wenn mehr Menschen weniger arbeiten, werden sich Unternehmen gezwungen sehen, Menschen mit reduzierter Arbeitszeit nicht länger aus Fortbildungsmaßnahmen und Beförderungen auszuschließen, weil es diese strikte Trennung in Vollzeit und Teilzeit und die damit verbundenen Vorurteile – Vollzeit = verlässliche Arbeitskraft, die das Unternehmen in den Mittelpunkt der eigenen Lebensplanung stellt vs. Teilzeit = Arbeitskraft, die sich im Zweifel gegen das Unternehmen und für die familiären Verpflichtungen entscheidet – schlicht nicht mehr gäbe. Das klingt utopisch? Im Dezember 2019 sprach sich die Sozialdemokratin Sanna Marin als neue finnische Regierungschefin für eine 24-Stunden-Arbeitswoche aus. Und die Panik, die daraufhin in ganz Europa die Unternehmensspitzen erfasste, die sich in Abwehr, Verächtlichmachung und Beschimpfungen gegenüber der finnischen Regierung äußerte, weist darauf hin, dass eine solche drastische Arbeitszeitreduzierung durchaus umsetzbar wäre. Allerdings müssten die Reduzierung der Erwerbsarbeitszeit oder ein Grundeinkommen wohl an Bedingungen geknüpft, beispielsweise mit einem Care-Konto verbunden werden, damit die Belastung durch Sorgearbeit in Zeit und Verantwortung auch wirklich fairer verteilt wird zwischen den Geschlechtern.

Doch dazu braucht es, wie dargelegt, einen grundsätzlichen Systemwechsel, der an mindestens zwei Punkten ansetzen müsste: Zum einen in der Erziehung sowie in der Ausbildung der Fachkräfte in Kitas und Grundschulen, also im Alltag von Kindern, denen von Anfang an offenere Rollenbilder vermittelt würden. Rollenbilder, die Wahlfreiheit jenseits von hegemonialer Männlichkeit und fürsorglicher Mutterrolle ermöglichen. Und zum anderen einen grundsätzlichen Wandel im Rechtssystem, in der Familien-, Pflege- und Wirtschaftspolitik, was zuallererst eine neue Definition des Wirtschaftsbegriffs voraussetzt. Oder anstatt »neu« besser gesagt eine Rückkehr zu seiner ursprünglichen, umfassenden Bedeutung, da ja die Unterscheidung von öffentlicher, bezahlter (männlicher) und privater, unbezahlter (weiblicher) Arbeit und die damit zusammenhängende Vorstellung, dass Staat, Gesellschaft und Unternehmen sich in die so geschaffene Privatsphäre nicht einzumischen hätten, weder besonders alt noch eine »natürliche« Trennung ist.

Die moderne unbezahlte Hausarbeit gab es vor dem 20. Jahrhundert nicht. Erst durch die Industrialisierung und bis in die 1950er Jahre hatte sich diese Sicht auf die »Hausfrau« und die ihr eigene Arbeit entwickelt, die als natürlich weiblich festgeschrieben und damit für selbstverständlich gehalten wurde. Die Abspaltung der Hausarbeit von der »richtigen« Arbeit wurde durch zahlreiche Gesetze legitimiert und als Ideal festgeschrieben. Davor gehörte zum Familienhaushalt ganz selbstverständlich eine Werkstatt, ein Handelsgeschäft oder ein landwirtschaftlicher Betrieb, gingen Haus- und Erwerbsarbeit Hand in Hand und wurden je nach Möglichkeit auch von allen Familienmitgliedern geteilt. Einzig unter Adligen und wohlhabenden Bürgerfamilien waren die Haushaltstätigkeiten an Bedienstete ausgelagert, die Aufgabe der Hausherrin bestand da in der Verwaltung und Aufsicht. Die Entwicklung zur klassischen Hausfrau vollzog sich also aus zwei Richtungen kommend: Zum einen übernahm die vormalige Hausherrin, deren Aufgabe es gewesen war, ihre Bediensteten anzuweisen und zu beaufsichtigen, also den Haushalt zu organisieren, unterstützt durch den technischen Fortschritt die Hausarbeiten selbst. Und die vormaligen Bediensteten wurden selbst zu Hausfrauen und kümmerten sich von nun an um den eigenen Haushalt.

Die Berufsausbildung von Frauen konzentrierte sich darauf, sie zu Haushälterinnen auszubilden, ein nach Familienstand abgestuftes Lohnsteuersystem förderte die Abhängigkeit der Frau vom Mann. Schon 1976 hatten Barbara Duden und Gisela Bock in ihrem Essay »Arbeit aus Liebe – Liebe als Arbeit« analysiert, wie sehr die Sozialpolitik des 19. und 20. Jahrhunderts Einfluss nahm auf die Hierarchie der Arbeiten und die Gesetzgebung die im Haus arbeitende Frau zur Zuarbeiterin degradierte, deren Arbeit in keiner Bilanzrechnung mehr auftauchte. Und der Ökonom John Kenneth Galbraith schrieb 1973: »Die Umwandlung der Frauen in eine auf unsichtbare Weise dienende Klasse war eine ökonomische Leistung ersten Ranges. Dienstboten für gesellschaftlich unterbewertete Arbeiten standen einst nur einer

Minderheit der vorindustriellen Bevölkerung zur Verfügung:
Die dienstbare Hausfrau steht jedoch heute auf ganz demokratische Weise fast der gesamten männlichen Bevölkerung zur Verfügung«.

Diese zugespitzte Beschreibung trifft auch auf die heutige Care-Situation zu. Man kann wohl kaum die Männer von heute als Argument heranziehen, die mit Geburt des ersten Kindes in Teilzeit gehen, dadurch fortan von ihrer Partnerin finanziell abhängig leben, Altersarmut in Kauf nehmen, um jahrelang die eigenen Eltern zu pflegen – es gibt zu wenige von ihnen, um der grundsätzlichen Kritik am strukturellen Problem des Gender Care Gap etwas entgegensetzen zu können. Tatsächlich ist es in der Debatte darüber schwierig, nicht aus dem Blick zu verlieren (und deshalb nötig, immer wieder zu betonen), dass hier nicht dem Einzelnen ein individuelles Versagen vorgeworfen wird, sondern dass es sich um ein gesellschaftliches, systemisches Problem handelt, dessen Lösung nur von allen (politischen Institutionen) gemeinsam angegangen werden kann. Tatsache ist, dass das Arbeits-, Familien-, Sozial- und Steuerrecht die traditionellen Rollenbilder unterstützt. Männer werden durch Gesetze wie das Ehegattensplitting in der Versorgerrolle festgehalten, anstatt dass ihnen eine fürsorgliche Vaterrolle und eine Care-Biografie ermöglicht würde. Setzen sie sich individuell für einen Rollenwechsel ein, ecken sie an allen Seiten an. Es ist das Ziel staatlicher Wirtschafts- und Familienpolitik, Männer mit einer nur reduzierten Fürsorglichkeit festzuhalten, die für eine gleichberechtigte Partnerschaft und einen Familienalltag mit Equal Care nie genug sein kann, in einem Familienalltag, in dem es an flexiblen, haushalts- und familienunterstützenden Diensten fehlt. Veränderte

Arbeitszeiten der Eltern erfordern andere Betreuungsangebote als die herkömmlichen, was Kindertageseinrichtungen oder Pflegedienste bisher nicht auffangen können. Doch der Staat setzt darauf, dass Frauen diese Lücke auffangen zu Lasten ihrer Berufstätigkeit und hält das im Sozialgesetzbuch so fest:

»Die Pflegeversicherung soll mit ihren Leistungen vorrangig die häusliche Pflege und die Pflegebereitschaft der Angehörigen und Nachbarn unterstützen, damit die Pflegebedürftigen möglichst lange in ihrer häuslichen Umgebung bleiben können. Leistungen der teilstationären Pflege und der Kurzzeitpflege gehen den Leistungen der vollstationären Pflege vor.« (SGB II, § 3)

Cornelia Heintze unterscheidet in ihrer Studie »Auf der Highroad – der skandinavische Weg zu einem zeitgemäßen Pflegesystem« von 2015 zwei Grundtypen von Pflegesystemen: das »familienbasierte Pflegesystem« und das »servicebasierte Pflegesystem« und vergleicht fünf nordische Länder und Deutschland und hält die Folgen eines grundlegenden, strukturellen Unterschieds fest: Nicht nur, dass die öffentlichen Ausgaben in Deutschland für Kranken- und Altenpflege pro Einwohner wesentlich geringer sind als in den skandinavischen Ländern, die auf ein ›servicebasiertes Pflegesystem‹ setzen, viel entscheidender ist, dass die Differenz weiter wächst, weil hierzulande keine Vorsorge getroffen wird, die Care-Krise sich weiter potenzieren wird, weil bei der Berechnung der Ausgaben eine Umstellung des Pflegesystems nicht vorgesehen ist. Und das, obwohl vorherzusehen ist, dass der Fachkräftemangel weiter zunehmen wird, dass weniger Familien in der Lage sein werden, noch mehr Pflegebedürftige privat zu versorgen. Gar nicht zu sprechen von der Tatsache, dass Care-Berufe in Deutschland auf einem niedrigeren Professionalisierungsniveau angesiedelt sind, was sich vorerst auch nicht ändern wird, da Politik und Träger weiter auf billige Pflegekräfte setzen: »Die Steuerung des pflegerischen Dienstleistungsangebotes erfolgt in Deutschland nicht qualitätsorientiert gemäß dem gesellschaftlichen Bedarf, sondern in Ausrichtung an der Geringhaltung öffentlicher Ausgaben.« (Cornelia Heintze) Diese Strukturen verursachen für die Betroffenen eine unlösbare Zerreißprobe, denn sie passen weder zu den Bedingungen noch zu den Qualitätsansprüchen, die zu Care und Sorgearbeit gehören, damit diese Tätigkeiten überhaupt diese Namen verdienen.

Es ist auch deshalb nicht nachvollziehbar, warum weiterhin kurzsichtige Entscheidungen in der Care-Krise getroffen werden, wo doch der Vergleich mit Skandinavien den langfristigen Nutzen eines Pflegesystems, das auf professionellen Fachkräften basiert, vorführt: »Die Geburtenrate steigt in dem Maße, wie es der Gesellschaft gelingt, sich von traditionellen Geschlechterrollen zu lösen. Dort, wo Kinderbetreuung und Pflege stark ›familisiert‹ sind, sehen wir die niedrigsten Geburtenraten. Das zeigt: Investitionen in eine gute Pflege- und Betreuungsinfrastruktur erzeugen eine ›demografische Dividende‹, entschärften also für die Zukunft das zahlenmäßige Verhältnis zwischen Pflegebedürftigen und Pflegenden.« (Cornelia Heintze)

Aber im Individuellen lässt sich kein strukturelles Problem lösen, und das heißt, solange der Staat Betroffene, also Familien und Privathaushalte genauso wie die Fachkräfte für Erziehung, Pflege und Betreuung weiterhin überfordert und mit der aktuellen Care-Krise derart alleine lässt, kann auch ein Rollenwechsel nicht gelingen. Dabei kommt auch der erste Gleichstellungsbericht des Bundesfamilienministeriums zu dem Schluss, dass die Ausgaben einer zukunftsweisenden Gleichstellungspolitik sehr viel niedriger wären, als die Kosten, die durch die Nicht-Gleichstellung aufgrund der strukturell geförderten geschlechtlichen Arbeitsteilung entstehen. Sandra Ohrem, Uta Meier-Gräwe und Angela Häußler, Doktorinnen und Professorinnen für (Haus-)Wirtschaftslehre und Sozialwissenschaften in Gießen und Heidelberg, nennen hier als Beispiel die aus wirtschaftlicher Sicht fatale Entwicklung, dass selbst hochqualifizierte Frauen nach teurer Ausbildung trotzdem finanziell abhängig bleiben nach einer Heirat und Geburt von Kindern, und als vollwertige Beitragszahlerinnen staatliche Unterstützung in Anspruch nehmen müssen, spätestens im Alter (Nur 10% der Frauen im Alter zwischen 30 und 50 Jahren haben ein Nettoeinkommen über 2000 € und 63 % der verheirateten Frauen verdienen unter 1000 Euro.). Eine »Verschwendung von Bildungsinvestitionen […], die für eine wissensbasierte und zugleich alternde Gesellschaft mit einem dramatisch steigenden Führungs- und Fachkräftebedarf aus ökonomischer und gleichstellungspolitischer Sicht völlig inakzeptabel ist.« (Ohrem/Meier-Gräwe/Häußler: Von der Nationalökonomie zur Care-Ökonomie, 2013)

Mit verantwortlich für die Aufrechterhaltung des Care Gaps, Pay Gaps und Renten Gaps ist also ein widersprüchliches Rechtssystem, das einerseits von einer asymmetrischen, traditionellen Aufgabenteilung ausgeht (Ehegattensplitting, Mitversicherung) und andererseits von einer partnerschaftlichen (SGB II), indem es zum Beispiel von jeder erwerbsfähigen Person bis zum Rentenalter eine Erwerbsbeteiligung erwartet und nach einer Scheidung (sobald das jüngste Kind 3 Jahre alt ist) Frauen zur Berufstätigkeit verpflichtet, auch unterhalb ihres Qualifikations-niveaus.

Die geschlechtliche Arbeitsteilung bleibt damit vorerst weiterhin strukturell abgesichert. Dadurch, dass die Pflege-, Arbeitsmarkt- und Gesundheitspolitik die traditionelle Care-Rollenaufteilung fördert und damit ein altes Frauen- und Männerbild reproduziert, finanziert sie letztlich den Gender Care Gap, unterstützt ihn und reicht ihn an Folgegenerationen weiter.

WEGE IN EINE FÜRSORGLICHE DEMOKRATIE

Das Grundgesetz, die UN-Menschenrechtskonvention, die Sustainable Development Goals (SDGs), die Ziele für eine nachhaltige Entwicklung, all diese Übereinkünfte, Regeln und Ziele klingen zunächst derart utopisch und so abstrakt, dass beim Lesen selten ein konkretes Bild vor dem inneren Auge entsteht. Ihre Autor·innen haben ein Ideal entworfen und die Erfahrungen und wiederkehrenden Fehler der vergangenen Jahrzehnte und Kriege berücksichtigt, in vorausschauender Rücksichtnahme. Die Texte sollten die Grundlage bilden, das Fundament für eine Gemeinschaft, die sich gegenseitig wertschätzt in ihrer Unterschiedlichkeit, die nicht ausgrenzt, sondern offen ist, insbesondere für Menschen, die in Not geraten sind, denen es wirtschaftlich schlecht geht. Diese Texte und Ideen müssen im alltäglichen Zusammenleben mit Leben gefüllt werden, mit Erfahrungen und Geschichten. Und Care ist ein guter moralischer Kompass auf dem Weg in eine vorausschauend-rücksichtsvolle Gesellschaft, auf Selbstsorge bedacht, ohne egozentrisch zu sein. Die Grundvoraussetzung einer fürsorglichen Demokratie ist, dass Care-Arbeit gerecht aufgeteilt wird zwischen den Geschlechtern, aber auch international. Dass sie angemessen honoriert wird, dass wir Fürsorge als gemeinsamen Auftrag erkennen und annehmen. Erst dann haben alle Menschen gleichermaßen die Möglichkeit zur gesellschaftlichen Teilhabe, politisch und wirtschaftlich, in Kultur und Wissenschaft, privat, beruflich, auf allen Ebenen und Hierarchiestufen.

– Equal Care heißt nicht nur, sich für eine faire Verteilung von Sorgearbeit einzusetzen, sondern auch die unterschiedlichen Care-Bereiche gemeinsam und als gleichwertig zu betrachten, sich nicht gegeneinander ausspielen zu lassen. Care ist immer eine Beziehung zwischen Menschen, die Sorge leisten und Fürsorge empfangen. Und diese Beziehung ist wechselseitig und verändert sich mit der Zeit.

– Equal Care bedeutet anzuerkennen, dass wir alle, mal mehr, mal weniger abhängig sind von der Fürsorge anderer.

– Equal Care heißt, ein System zu etablieren, in dem Kinder in Ruhe und umsorgt auf diese Welt kommen können. Ein System, das Familien den Raum und die Möglichkeit gibt, zueinander zu finden, eine tiefe Bindung aufzubauen und in die neuen Rollen hineinzuwachsen. Das braucht Zeit, finanzielle Sicherheit und eine fürsorgende Betreuung durch das Umfeld, aber auch professionelle Begleitung und Unterstützung.

– Equal Care bedeutet, ein gesellschaftliches Klima zu schaffen, in dem Kinder sich ausprobieren und erfahren können, was in ihnen steckt – wie es das Gute-Kita-Gesetz der Bundesregierung Anfang 2019 postuliert hat –, eine Gesellschaft also, in der Jungen nicht belächelt und ausgegrenzt werden, wenn sie sich gern mit Puppen, Spielküchen und Schminkutensilien beschäftigen, wenn sie Familie und Vatersein spielen. Eine Gesellschaft, in der »Mädchen« kein Schimpfwort ist, die nicht nur in Stellenanzeigen, sondern auch im Alltag anerkennt, dass es mehr als zwei Geschlechter gibt und dass Interessen, Fähigkeiten und Charaktereigenschaften etwas Individuelles sind und keine Kennzeichen von Geschlecht.

– Equal Care heißt auch, sich für ein Schulsystem und Bildungseinrichtungen stark zu machen, in denen Kinder neben allem Lehrstoff erfahren können, was für sie persönlich wichtig werden könnte im Leben, nicht nur beruflich und aus volkswirtschaftlicher Sicht, sondern individuell. Eine Schule, die Kinder ermutigt und ihnen den geschützten Raum bietet, auch untypische, mutige Lebens- und Berufswege einzuschlagen, dass junge Männer Pflegeberufe ergreifen können und junge Frauen sich zutrauen, in Informatik, Maschinenbau oder Elektrotechnik zu bestehen. Eine Schule, die Lerninhalte zu Care, Nachhaltigkeit und letztlich »Glück« vermittelt.

– Equal Care bedeutet, sich bewusst zu machen, dass die Ungleichheiten der Erwachsenenwelt oft in der Kindheit ihren Anfang nehmen: dass es von klein auf eine geschlechterreflektierte und vorurteilsbewusste Pädagogik und Erziehung braucht, um Diskriminierung und Ausgrenzung entgegenzuwirken und wirkliche Wahlfreiheit zu ermöglichen. Nur so kann eine einschränkende »toxic masculinity« aufgelöst und eine limitierende »caring femininity« geöffnet werden und durch individuelle Entfaltungsmöglichkeiten und Lebensläufe ersetzt werden.

– Equal Care erlaubt uns, in Würde alt zu werden ohne Armutsrisiko und Vereinsamung, dass wir auch im hohen Alter noch teilhaben können an dieser Gesellschaft. Und Equal Care heißt insbesondere, dafür Sorge zu tragen, dass der Wunsch so vieler Menschen nach einem Tod in vertrauter Umgebung erfüllt werden kann, bedeutet, den Menschen in den Mittelpunkt zu stellen anstatt Machbarkeitsstudien. Gerade dann, wenn wir zunehmend angewiesen sind auf die Hilfe und Unterstützung anderer Menschen, Entscheidungen nicht mehr selbst treffen, lebenserhaltende und -notwendige Tätigkeiten nicht mehr selbst ausführen können. Es ist eine Frage des Respekts und einer gesunden egoistischen Einstellung, schon jetzt an diesem Systemversagen etwas verändern zu wollen.

- Equal Care heißt auch, ein medizinisch-pflegerisches Gesundheitssystem infrage zu stellen, das nicht mehr dem Wohl des Menschen dient, sondern Partikularinteressen. Insbesondere der Care-Bereich sollte die systemimmanenten Hierarchien und Machtverhältnisse reflektieren und Strategien entwickeln, wie dem Konflikt aus Rentabilität und Dienst am Menschen zu begegnen ist.

- Equal Care bedeutet: nie ohne die Betroffenen, nie über die Köpfe der Betroffenen hinweg, immer im Dialog und auf Augenhöhe.

- Equal Care bedeutet insbesondere, dass wir Sorgearbeit als das betrachten, was sie ist: eine Grundvoraussetzung von Leben und Gemeinschaft. Wer sich kümmert im privaten Haushalt, ehrenamtlich oder beruflich, wer pflegt, betreut und erzieht, tröstet und zuhört, leistet einen unverzichtbaren Dienst an der Gesellschaft und arbeitet, sei das Gehalt auch noch so gering. Und selbst wenn es kein Geld dafür gibt, es bleibt doch Arbeit, und besonders auch dann noch, wenn es Freude macht und leicht fällt.

- Equal Care heißt, junge Generationen nicht gegen die älteren auszuspielen, sondern Räume und Gelegenheiten der Gemeinschaft zu schaffen. So wichtig die Frage ist, wer die Verantwortung trägt an den bestehenden Verhältnissen, der Blick in die Vergangenheit hilft nur bedingt, die aktuellen Herausforderungen zu bewältigen. Viel wichtiger und zielführender ist es, gemeinsam in die Zukunft zu denken und nachhaltige Lösungsansätze auch wirklich umzusetzen ... und auch bereit zu sein zum Verzicht auf Privilegien und Status, auf Macht und Luxus auf Kosten anderer.

– Equal Care bedeutet einen Konsens darüber, dass eine Gesellschaft, deren Wirtschaftssystem Care-Arbeit und Fürsorge aus ihren Modellen und Berechnungen ausgrenzt, nicht nachhaltig ist und auf Dauer nicht funktionieren wird. Es gilt, ein Steuer-, Abgaben- und Entlastungssystem zu entwickeln, das sich nicht allein am Einkommen orientiert, sondern am Beitrag, den Menschen leisten zum Gelingen dieser Gesellschaft, zum sozialen Miteinander, ein System, das sich der eigenen Verantwortung am Care Gap und Pension Gap bewusst wird und Maßnahmen ergreift, die auch nachhaltig für mehr Chancengleichheit sorgen.

– Equal Care heißt, dass Unternehmen die Care-Kenntnisse und Fähigkeiten, die Menschen in Privatleben und Familie erworben haben, positiv bewerten und für sich nutzen. Sie bringen sich ein, bieten Unterstützung bei der Koordination, denn Care-Arbeit ist kein privater Luxus. Unternehmen übernehmen deshalb Verantwortung. Sie begreifen sich als Teil der Gesellschaft und berufen sich nicht länger auf wirtschaftliche Zwänge, um moralisch zweifelhaftes Handeln zu rechtfertigen. Sie nehmen in Kauf, dass Umsätze und Gewinne der

Aktionär•innen geschmälert werden, bedenken aber die Langzeitwirkung ihres Handelns.

- Equal Care heißt, sich fürsorgliche Gedanken zu machen über die eigene Kundschaft, sich mitverantwortlich fühlen für deren gutes Leben. Freiheit ist ein zu hohes Gut, als dass sie missbraucht werden sollte zur Rechtfertigung dafür, die Gesundheit von Menschen aufs Spiel zu setzen. Es liegt nicht zuerst an den Einzelnen, ihr Verhalten zu ändern, es liegt in der Verantwortung aller, die Verhältnisse zu ändern. Und dazu gehört, dass Lobby-Arbeit und Geld keine riesigen Schlupflöcher öffnen, durch die gesetzliche Regelungen hintergangen werden können, sondern Verantwortung zu übernehmen für das Gelingen der Gesellschaft. Denn insbesondere die Wirtschaftsunternehmen profitieren von der uneigennützigen und unbezahlten Care-Arbeit im Privaten.
- Equal Care bedeutet anzuerkennen, dass sich der offensichtliche und lange schon bekannte Mangel an Fachkräften vor allem in den Bereichen Kindererziehung und Pflege nicht durch einen noch höheren Einsatz von pflegenden und betreuenden Angehörigen oder gar ehrenamtlicher Nachbarschaftshilfe lösen lässt. Dieses politisch unterstützte Ausnützen bürgerschaftlichen Engagements bis in prekarisierte Verhältnisse hinein setzt zudem die Leistung professionell Pflegender herab und erschwert ihren Kampf um Anerkennung und finanzielle Wertschätzung.
- Equal Care bedeutet, die eigenen Lösungsansätze nicht auf Kosten anderer durchzusetzen und damit bestehende gesellschaftliche Hierarchien zu verfestigen aufgrund von Herkunft (Polinnen pflegen Deutsche), sozialer Schicht (arm pflegt

reich) oder Geschlecht (Frau pflegt Mann), bedeutet, Hierarchien und Konkurrenz in der Thematik zu berücksichtigen anstatt sie zu verstärken. Die Herausforderungen lassen sich also nicht durch das Anwerben von Menschen aus wirtschaftlich ärmeren Ländern lösen, da diese Strategie zu Care-Defiziten im Herkunftsland der Angeworbenen führt oder diese verschärft und zudem die professionell Pflegenden im eigenen Land herabsetzt.

– Equal Care heißt, dass wir auf den Straßen aus Asphalt und auf den digitalen Plätzen zu einem fürsorglichen Umgangston und Miteinander finden – und Medien, Literatur, Film und Werbung ihren Beitrag dazu leisten und Verantwortung übernehmen. Viele Konsument·innen erreichen zu wollen ist kein Argument für vorbildliches Handeln und einen positiven Einfluss auf die Gesellschaft, sondern möglicherweise ein Zeichen von Manipulation.

– Equal Care heißt, sich nicht über die Natur zu erheben, sondern sich als Teil eines komplexen Ökosystems zu begreifen und endlich die Verantwortung zu übernehmen, die sich die Menschheit über Jahrtausende selbst aufgebürdet hat. Wir haben die Möglichkeit, das Leben auf diesem Planeten nachhaltig zu verändern und zu zerstören, wir haben aber auch die fürsorgliche Macht, die Welt zu bewahren, ihre Reproduktionsfähigkeit, ihre Resilienz, ihre Vielfalt.

– Equal Care in all ihren Dimensionen schafft die Voraussetzung für eine bessere Welt.